わいせつ教員の闇

教育現場で何が起きているのか

読売新聞取材班

767
中公新書ラクレ

はじめに

教員による児童生徒へのわいせつ行為を防ぐ「教員による児童生徒性暴力防止法（わいせつ教員対策新法）」が２０２１年5月に成立し、22年4月に施行されました。新法によって、教員免許を失効したわいせつ教員は、事実上、学校現場に戻れなくなりました。与野党の垣根を超え、検討開始からわずか89日という異例のスピードで法律が成立したのは、「一刻の猶予もない」という共通の危機感があったためです。なぜそこまで急ぐ必要があったのでしょう。

20年ほど前に出版された「白書　スクール・セクシュアルハラスメント」（子ども性虐待防止市民ネットワーク・大阪編）に、８歳の女の子の言葉が載っています。

先生から下着に手を入れられる被害に遭い、「なんで逃げへんかったの」と問いただす母親に、女の子はこう答えます。

〈気持ち悪いし、いややなと思った。だけど、先生という人は自分たちに正しいことと か良いこととかを教えてくれる人なんだから、その人がすることが正しくて、いやだと 思う自分がおかしいんだと思った〉

子供にとって教員がどんな存在なのか、実によく分かります。教員は世の中のルールや勉強を教えてくれる指導者で、親からは日頃から「先生の言うことをよく聞きなさい」と言い含められます。子供の多くは、先生が悪いことをするという発想がありません。被害自体を認識できず、大人になって初めて気付くケースが多いのはそのためです。

学校は教員と児童・生徒だけの閉ざされた空間です。わいせつ教員は空き教室など人目の付かない密室で犯行に及び、子供に口止めをします。そして身内をかばう学校特有の体質が、被害を露見しづらくします。

「白書」に登場する女の子の母親は学校に抗議しますが、校長は「事実かどうかわからない」、教務主任も「教育的配慮のスキンシップが、誤解を招くことがよくある」と言い放ち、事実関係を調べようとしなかったといいます。

もしも公園で被害に遭ったら、間違いなく強制わいせつ罪になる行為が不問に付される現実に、母親はがくぜんとします。そして学校現場をこう称します。〈世の中から取り残されたような、日本の中の治外法権〉

問題意識が少しずつ高まり、わいせつ行為で処分される教員は増えていきます。1998年度は77人でしたが、2013年度は205人、18年度は過去最多の282人になりました。それでも90万人以上いる公立学校の教員の0・03％に過ぎません。「ごくわずかなわいせつ教員を排除するために、法律まで作る必要はあるのか」という意見の人もいるでしょう。しかし、そもそも教員は、社会にとってどんな存在なのでしょう。

教育基本法は前文で、「個人の尊厳を重んじ、真理と正義を希求し、公共の精神を尊び、豊かな人間性と創造性を備えた人間の育成」を目指す教育を推進する、とうたっています。

そのうえで、教員について同法9条は「自己の崇高な使命を深く自覚し、絶えず研究と修養に励み、その職責の遂行に努めなければならない」としています。社会は、教員に幅広い知識と教養、そして高い道徳心と高潔さを求めています。教員を「聖職者」になぞらえるのもそのためです。世の中の信頼があるからこそ保護者は安心して子供を委ねています。教員という指導的な立場を悪用し、子供を標的にする性暴力は、他の犯罪と比べても悪質性が極めて高いのです。わいせつ教員が一人でもいれば、教育全体の信用は失墜します。

ところが、わいせつ行為で懲戒免職になっても、再び教壇に立つことができたのです。教育職員免許法は、不祥事で教員免許を失効しても、3年たつと免許の再取得を認めていたからです。記者たちを突き動かしたのは、こうした現状への疑問と怒りでした。

事件や事故を新聞社が報じるのは、社会で広く情報を共有することで、同種犯罪の発生を抑止することを目的にしています。しかし、特に子供が被害者となった性犯罪の場合は、二次被害を防がなければなりません。被害者が特定される恐れがある場合は、加害者も匿名にして報じることがあります。おのずと記事の扱いは地味になり、こうした姿勢が、結果的に加害者が再雇用されるのを助けていた側面があったかもしれません。被害実態に踏み込まず、文部科学省が発表する統計数字をただ並べるだけの記事を書くことも多かったように思います。

読売新聞が20年9月から展開した一連のキャンペーン報道「許すな　わいせつ教員」は、そうした反省を踏まえ、被害者をはじめ、できるだけ多くの関係者や専門家に取材し、問題の背景を探ることに努めました。それが結果的に、新法成立を後押しすることになりました。

本書で取り上げているのは、事件や裁判になったごく一部の事例に過ぎません。性被害は長期にわたり、心身に深刻なダメージを与えます。新法は成立しましたが、わいせつ教員の排除は緒に就いたばかりです。今も苦しみ続けるあまたの声なき声に、これからも耳を澄ませていきたいと考えています。

＊本文中の肩書は当時のものとしました

二〇二二年六月

読売新聞東京本社アライアンス戦略本部部長（前教育部長）

小林　健

目次

はじめに　3

第一章　見えない被害 ―――― 19

（1）密室で行われた犯行　23
生かされなかった兆候／意のままに従わせた／「一生、刑務所で」

（2）証拠がない　27
「バレたらヤバイな」／真っ向から食い違う言い分／SNSのやりとりは保存を

（3）PTSDの診断　31
過呼吸の症状に見舞われ／性暴力は「魂の殺人」

（4）コロナ禍の「犯行」 35
300キロを移動して／SNSでの私的なやりとり
（5）弁護士になった被害少女 38
勇気を出し、法廷へ／「100万円払うから言わないで」／弁護士の道へ
（6）20年間、誰にも言えず 42
低くなった自己肯定感／楽しい思い出はない／被害者には男性も

第二章 独自の集計 47

（1）被害の実態は 50
懲戒を受けた教員は1030人／「氷山の一角」にすぎない／学校でのわいせつ・セクハラ行為の定義
（2）悪用されるSNS 55

事務連絡手段としての広がり／生徒にＬＩＮＥで「好きだ」／高校生の97％が利用

（3）放課後の施設での実態　60

「グルーミング行為」／犯罪歴を隠して採用／繰り返された卑劣な犯行

（4）児童養護施設は　65

慕われている立場を悪用／施設長の悔恨

第三章　卑劣な手口

71

（1）処分歴を隠す教員　74

免許状をコピーし、再就職／性犯罪をくり返す例も

（2）施設職員の犯罪歴　78

「怪しい点はなかった」／認定者名簿から削除／自治体の8割は「確認せず」

（3）学校の死角　82
8万室の空き教室／悪用された死角／学校にできることは／増加する空き教室
（4）障害児を狙う犯行　86
「行為を拒否できない」／添乗員として乗り込む／1年半に及んだ犯行

第四章　教育委員会　91

（1）不掲載という問題　94
官報不掲載61人、わいせつ事案46人／国立大学法人でも
（2）教え子じゃない　99
各地で異なる判断／程度を考慮、日頃の勤務態度……／18教委が「免職せず」
（3）通報できない　103

事件化を望まぬ保護者も／再採用の可能性／子供らの負担が減る「協同面接」／国会での議論
(4) 28年前の「事案」 108
教委と教員相手取り提訴／行為の事実を認定／懲戒免職を経て／2016年に把握も……／真実性を強調し／免職となった理由は／不服を唱え争うケースも
(5)「自主退職」という実情 119
私立での懲戒解雇事例／逮捕前の退職届
第五章 新法成立 125
(1) 議員立法へ 128
ワーキングチームの発足／議員立法で目指すものとは／わいせつ教員を二度と立たせない

（2）「壁」乗り越える　133
対策新法、成立へ／危機感の共有が鍵だった／「基本指針」の策定へ
（3）新法こう見る——識者の声　140
党派超え「子供を守ろう」／更生への道を閉ざす恐れも／泣き寝入りを防ぐ契機に
（4）新法以外の試み　149
処分内容の可視化
第六章　被害を防ぐには——153
（1）日本版ＤＢＳ制度　155
再犯を防ぐために／英国の「ＤＢＳ」を参考に／米国のケースは
（2）文科省の動き　161

生徒との私的ＳＮＳを禁止に／私学でも対策を／元教員に
立証責任を
（3）幼児期の学校教育で 168
小中高教材での取組み／性暴力から守る教育
（4）識者の声 173
情報や教訓の共有を／子供を守ることを一番に／加害者に
見られる傾向／早期に適切なケアを／日教組の立場から
（5）法制審でも審議へ 187
地位悪用に罰則を／今なお続く議論
おわりに 193
付録　教員による児童生徒性暴力防止法 197

表作成・本文ＤＴＰ／今井明子

わいせつ教員の闇

教育現場で何が起きているのか

第一章　見えない被害

子供たちにわいせつ行為をはたらく教員はなぜ減らないのか。被害はどうして露見しないのか。

この疑問を解き明かすために、取材班はわいせつ行為を行ったとして逮捕され、裁判所から実刑判決が出され、その行為が確定した悪質な事例を丹念に取材することにした。ひどい行為をされたと保護者側が訴える事案も数多くあったが、客観性と中立性を保つため、あくまでも裁判で刑が確定したり、教育委員会が処分を出したりしたものに限定することにした。

取材開始から6か月。1回目の連載「見えない『被害』」を掲載する頃には、数多くの被害者、保護者、教員、有識者らが取材に応じてくれた。そこから見えてきたものは、学校が「大人」と「子供」という年齢差がある集団で構成され、そうした環境下では絶対的な主従関係が生じるといういびつさだった。

開かれた場所であるならば、絶対に問題となるような行為でも、「先生の言うことは正しいこと」と信じ込まされ、素直に従う子供たち。

「まだ子供は小さいので、先生が自分たちにした行為の意味が分からないかもしれない。うちの子は被害を受けていないけれども、行為を受けた子は、いつかその意味に気付くと思う。いわば、子供の心や体に時限爆弾が埋め込まれているのです」。ある事件で取材に応じてくれた保護者は、わいせつ教員の行為は裁判で罰せられても、子供たちが変調を来すときが来るのではないかと不安で仕方がないと震える声で話してくれた。

学校という環境で、子供へのわいせつ行為はどうして起こるのか。取材では、思い込みなどは徹底して排除し、客観性、中立性を保つよう留意した。これから取り上げる事例の背後にある、子供たちの痛み、保護者の不安、そして、教員のわいせつな心根や関係者の悔恨、そうしたものが少しでも伝われればと考える。

(1) 密室で行われた犯行

生かされなかった兆候

ある町の小学校には、30代の男性教員の行動に関して複数の保護者から苦情が寄せられていた。

「児童と私的なメールのやり取りをしている」「中学校の運動会に無断で訪れ、写真を撮影していた」――。保護者の間では、「児童とイチャイチャしている」という情報も出回った。教え子とLINEを交換していたことも分かると、校長は教員を呼び出してやめるように注意した。

それから数か月後、事態は急展開する。

「先生に変なことをされた」。子供が友達に具体的に話しているのを保護者がたまたま耳にした。すぐに警察に相談し、担任として受け持つ児童への強制性交容疑で逮捕されると、学校内の「密室」で行われていた余罪が次々と明らかになった。

裁判所は、教員が5年半の間に、勤務していた二つの小学校で、6～12歳の教え子7人にわいせつな行為を繰り返していたとして懲役14年の判決を言い渡した。

ある保護者は憤る。「一つひとつの情報を学校が教育委員会に報告し、厳格に対応していれば被害者を一人でも減らせたはずだった」。一連の〝兆候〟は、なぜ生かされることがなかったのか。

意のままに従わせた

学校内の「密室」で行われた教員の犯行は、大胆かつ巧妙だった。

判決や関係者によると、教員は自分が受け持たない音楽の授業中などに、忘れ物をした児童を「指導」と称して空き教室や倉庫に連れ出した。担任としての立場と信頼を悪用し、児童の年齢と性格に応じて、ある時は目隠しをし、ある時は「傷の状態を確認」と伝え、意のままに従わせてわいせつな行為に及んだという。

公判で、教員は「欲望のコントロールができなかった。誰かに相談すればよかった」と、もはや自分では止められない状態になっていたことも打ち明けた。

授業中、教員が幾度も児童を連れ出しても問題視されなかったのは、教員が学年主任で「指導熱心」という別の顔を併せ持っていたことがある。

事件を検証するために自治体が実施したヒアリングで、歴代校長らは「教育熱心で信頼していた」と口をそろえ、元同僚の教員も読売新聞の取材に対して、「厳しいけれど面倒見が良い先輩だった」と評価した。

ある保護者は、「熱意があり、とても良い先生だった。うちの子供も大好きで、逮捕されたと聞いたときは、誰かにはめられたと思った」と振り返るほどだった。

こうした評判が、学校に寄せられたいくつもの〝兆候〟をなきものにしてしまった。

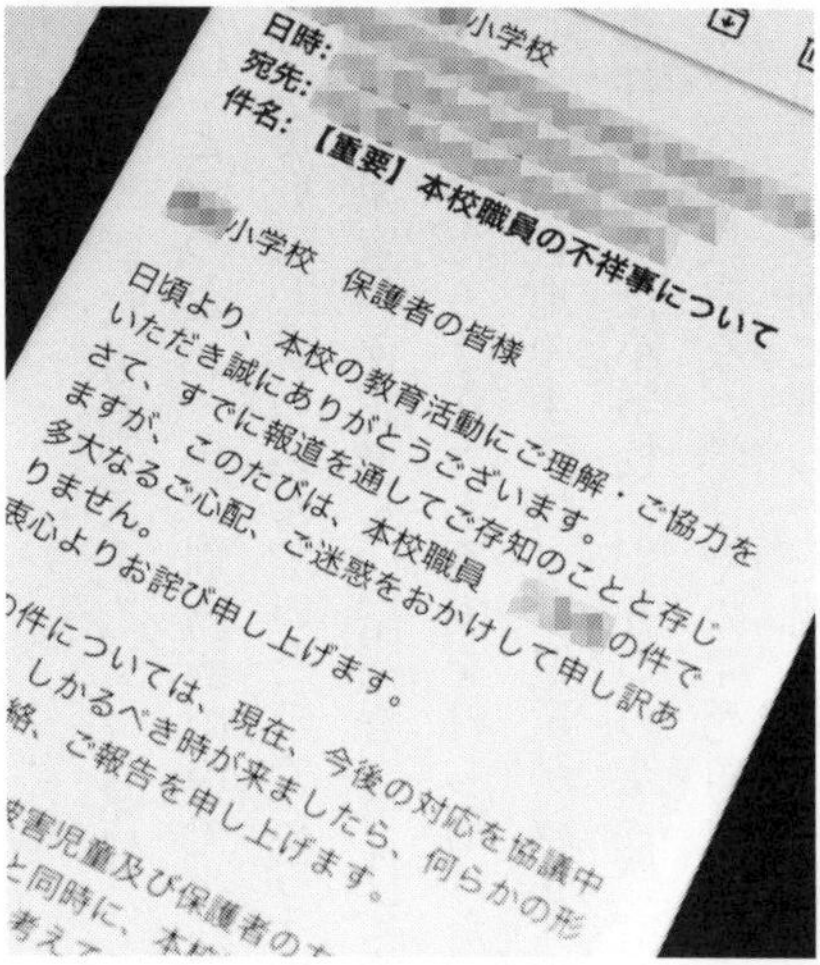

小学校
日時:
宛先:
件名:【重要】本校職員の不祥事について

小学校　保護者の皆様
日頃より、本校の教育活動にご理解・ご協力を
いただき誠にありがとうございます。
さて、すでに報道を通してご存知のことと存じ
ますが、このたびは、本校職員　の件で
多大なるご心配、ご迷惑をおかけして申し訳あ
りません。
衷心よりお詫び申し上げます。
の件については、現在、今後の対応を協議中
しかるべき時が来ましたら、何らかの形
絡、ご報告を申し上げます。
害児童及び保護者の
と同時に、本校

「一生、刑務所で」

被害を受けた児童たちには、心にも大きな

傷が残された。

「被害を誰にも話せなかった。逮捕のニュースを見て『ざまあみろ』『やっと捕まった』と思った。一生、刑務所の中で生活して」。公判で意見陳述に立った被害児童は、心の奥底にしまい込んでいたのであろう憎悪の念をぶちまけた。

被害児童の保護者も、「眼鏡の男性を怖がるようになった。心に、体に、どんな影響がでるのだろうか」と不安を打ち明けた。

近年、各地の小学校では児童が減り、空き教室が増えている。逮捕直前まで勤務し、事件が起きた小学校にも五つの空き教室があった。保護者から寄せられた声は生かされず、空き教室など学びやの「死角」で卑劣な犯行が繰り返された。

当時、捜査に携わった関係者は「教員が撮影していた動画には、名前の分からない児童も映っていた」と漏らし、教員が勤務していた小学校で管理職だった教員は、声を震わせて悔恨の思いを語った。「まさか校内の死角で、あのような犯行が行われるとは。気がつけず、悔しい。守ってあげられなかった子供たちには本当に申し訳ない」

読売新聞は教員の代理人だった弁護士に取材を申し込んだが、「対応できない」と回答した。

（2）証拠がない

「バレたらヤバイな」

〈夜中とかは？　バレずに入れたりする？笑〉
〈部屋は2階なん？？〉
〈バレたらヤバイな〉
〈俺の〇〇（女子生徒の名前）〉
〈かわいいで〉

2017年夏。西日本の市立中学校を卒業したばかりの女子生徒は、担任だった男性教員からこんなLINEのメッセージを次々と受け取った。深夜に送られてきたものもある。

「あまりにも危険なやりとりでショックだった」。生徒の保護者がメッセージを見つけたのは、それから数か月後だった。保護者は悩んだ末に、18年1月、市の教育委員会に通報することにした。

市教委の事情聴取に対し、教員は女子生徒との不適切なやりとりを否定した。調査が進まないことに業を煮やした保護者は19年11月、市教委にＬＩＮＥ画像を証拠として提出した。

すると教員は、ＬＩＮＥは自分が送ったと認める一方で「携帯に履歴が残っていない。具体的な発言は覚えていない」と釈明したという。最終的に市教委が教員の対応の不適切さを認定して「訓告処分」を出したのは20年6月。最初の通報から2年半ほどたっていた。

市教委側は「本来は教員本人の申告で事実を確認しなければならないのに、本人の記憶が曖昧で、事実解明が遅れてしまった」と保護者に謝罪した。

「勇気を出して通報したのに信じてもらえず、つらかった。たまたま娘のＬＩＮＥが残っていたからやりとりが認定されたが、証拠がなかったら言い逃れされて終わっていた」と保護者は憤る。そして「訓告処分は公表されず、誰もこの教員が危険だと分からない。重大事件が起きてからでは遅い」と声を震わせた。

真っ向から食い違う言い分

埼玉県内の公立小学校の男性教員は18年、校外学習で訪れたプラネタリウムで女子児童の体を触ったとして、強制わいせつ罪で起訴された。裁判で教員は一貫して否認し、県教委の聞き取りにも「事実無根。わいせつ行為はしていない」と繰り返したという。

1審で懲役1年6月、執行猶予4年の判決が言い渡され、最高裁で20年8月に上告が棄却されて有罪が確定した。男性教員は懲戒免職処分ではなく、地方公務員法に基づいて失職した。

文部科学省は、児童生徒に対するわいせつ行為は原則、懲戒免職とするよう各教委に通知を出しているが、このケースは薄暗いプラネタリウム内の事案で、被害を訴えた児童以外に目撃者はいなかった。

「双方から話を聞いたが、言い分が真っ向から食い違っていた。教育委員会が何が事実かを見極めることは困難で、裁判の行方を見守るしかなかった」。県教委の担当者は対応の難しさを振り返った。

SNSのやりとりは保存を

密室で行われるわいせつ行為について、捜査機関ではない教委や学校が事実を認定するのは容易ではない。最近は事務連絡の手段としてLINEなどのSNSが学校現場で広く使われており、教員によるわいせつ目的での私的利用も後を絶たない。

性犯罪被害に詳しい上谷さくら弁護士は「児童生徒は教員とのSNSのやりとりで違和感を覚えたら保存し、保護者もすぐに学校側に伝えてほしい」とした上で、「訴えがあれば、学校や教委は積極的に調査に動くべきだ。声を上げても取り合わず、問題のある教員が働き続けることは教育現場の混乱を招く。大多数のまじめで熱心な先生が疑いの目を向けられることのないよう、教委は不適切な教員を排除する姿勢を示すことが必要だ」と指摘する。

（3）ＰＴＳＤの診断

過呼吸の症状に見舞われ

中学校時代の教員からわいせつな行為を受け、その後、心的外傷後ストレス障害（ＰＴＳＤ）の症状に悩まされてきた関東地方の20歳代の女性は、２０２１年から児童虐待などに対応する仕事に就いた。

「子供の頃に受けた性被害で自分は大いに苦しんだ。同じように悩み、『心の傷』を持つ子供たちの手助けをしてあげたい」。女性はこう語り、仕事に邁進する。

行為から数年がたった18年頃、女性はわいせつ行為を受けたことを頻繁に思い出すようになった。涙が止まらなくなり、過呼吸の症状に見舞われた。精神科を受診し、「うつ病と複雑性ＰＴＳＤ」との診断を受けた。それまでもやもやしていたが、治療やカウンセリングを受け、「私は性暴力の被害者だったんだとようやく自覚した」と振り返る。

中学時代の教員から女性に送られてきた携帯メール。未明に「Chu！」などと書かれたものが送られてくることもあった

自然が豊かな西日本の町で女性は生まれ育った。中学時代は成績も良く、3年時の担任だった40歳代の男性教員からの信頼は厚かった。

ある時、教員から携帯電話の番号とメールアドレスの交換を持ちかけられ、戸惑いながらも応じた。その後、ハートの絵文字付きのメールを受け取ることもあったが、妻子ある年齢の離れた教員のため、軽い冗談だと受け止めていた。

学級委員を務め、放課後には卒業イベントの準備作業をすることが増え、教員が車で自宅まで送ってくれることもあった。卒業間近の放課後、教員の車に乗せてもらったところ、見知らぬ場所で車が止まり、性的な暴行を受けた。

高校進学後も関係は続いた。断ることができなかったのは、幼い頃から「先生には従うもの」と教えられていたからだ。わいせつな行為の写真を撮られ、会わなくなったらそれが悪用されるのではないかという不安もあり、教員をする親の評判を落としてしまうのではないかと苦しんだという。

高校3年のある日、教室で過呼吸を起こして保健室に運ばれ、そこで初めて、女性教員にこれまでの経緯を打ち明けた。その後、教育委員会は教員を懲戒免職処分とした。読売新聞の取材に教委は事実を認めつつも、担当者は「二次被害防止の観点から詳細は答えられない」とする。

女性は「教員には自分がしたことの罪深さを知ってほしい。そして、狂ってしまった私の人生を返してほしい」との思いを抱える。

性暴力は「魂の殺人」

性暴力被害者らでつくる一般社団法人「スプリング」（東京）などは20年、被害者にアンケート調査を実施した。5899人から回答を得たところ、わいせつ行為を受け、それを性被害だったと認識できるまでには平均で6～7年かかることが分かった。

父親から性暴力被害を受けた経験を持つ山本潤代表は「顔見知りからの性被害の場合は、被害だと認識するまでに長い時間がかかる。心身の負担も大きく、事実として受け止めるには相当のエネルギーと時間が必要だということを知ってもらいたい」と語る。

精神科医として性暴力の被害者を200人以上診療し、内閣府の「女性に対する暴力に関する専門調査会」で会長を務める小西聖子・武蔵野大教授によると、思春期の性暴力では、被害に遭ったことを思い出さないように、記憶に蓋をする「回避」の傾向が強いという。

本当に記憶をなくすことはできないため、いずれ無理が生じてフラッシュバックが起こり、PTSDの発症につながることもある。

小西教授は「地方には性被害の臨床に詳しい専門医の数はまだ少ない。幼少期に被害に気づき、適切なカウンセリングや治療を受けることも難しい。性暴力は『魂の殺人』でもあり、国はその対策に本腰を入れてほしい」と指摘する。

（4）コロナ禍の「犯行」

300キロを移動して

２０２１年２月、愛知県内の小学校教員だった男が強制わいせつなどの罪に問われ、香川県内で開かれた刑事裁判で懲役３年、執行猶予5年の有罪判決を受けた。

愛知の教員がなぜ、香川で裁かれたのか。実はこの男は、20年4月に愛知で教員として採用される前、香川県内の小学校で児童の勉強や生活をサポートする支援員として働いていた。

判決などによると、男は香川での支援員時代に、女子児童を自宅アパートに呼び出し、体を触ったり、カメラで撮影したりするなどのわいせつ行為を繰り返していた。

愛知で教員になった後も、男は女児と会うために香川県内のアパートの契約を続けた。20年春、新型コロナウイルスの感染拡大を受け、全国で一斉休校となった。不要不急の外出自粛が呼びかけられていたが、男は5月上旬まで、愛知からたびたび香川のアパー

香川でわいせつ行為を続けた、愛知の教員を巡る経緯

2019年９月～20年３月	香川県の小学校に支援員として勤務	香川から愛知への転居後も、女児と会うためにアパートを借り続け、そこでわいせつ行為を行う
20年４月～	愛知県で小学校教員として採用される	
10月～	強制わいせつ容疑で逮捕、同罪などで起訴	
12月	愛知県教委から懲戒免職処分を受ける	
21年２月	懲役３年、執行猶予５年の有罪判決を受ける（確定）	

※地裁の判決などに基づく

トに向かい、女児へのわいせつ行為を繰り返した。

愛知県から香川県は、直線距離で約３００キロ。往復には長時間を要するが、コロナ下での一斉休校の期間中だったため、学校関係者は不審な行動に気づくことができなかったという。

男は20年12月に愛知県教育委員会から懲戒免職処分を受けた。県教委の担当者は「採用試験を実施したのは19年夏。その後、香川でわいせつ行為をするとは考えもしなかった。極めて遺憾だ」と声を落とした。

SNSでの私的なやりとり

北九州市立中学校の男性教員は、女子生徒とＳＮＳなどでやりとりを行い、わいせつな行為を複数回したとして、20年10月に懲戒免職となった。

男性教員は、コロナ感染の広がりで休校となっていた4月から5月中旬の間も、女子生徒と連絡を取り、会うなどしていた。市教委の調べに対し、この教員は「生徒から学校生活の相談を受けるため、電話やＬＩＮＥで連絡を取るうちに親密なやりとりをするようになった」と説明した。

この問題を受け、市教委が市立学校の教職員約６６００人を対象に緊急調査をしたところ、過去を含めて、事前に学校長の許可を得ずにＳＮＳやメールで生徒らとの私的なやりとりをした事例が99件確認されたという。学校長がそれらの教職員を口頭注意し、不必要なやりとりはやめるよう指導した。

学校のコンプライアンスに詳しい日本女子大の坂田仰教授（教育制度論）は「いくら私的なＳＮＳ利用を禁じても、わずかでも悪用する教員がいる限り、被害はなくせない。教員への研修を徹底するとともに、児童生徒に対しても、ＳＮＳの危険性や、性犯罪への知識を深める教育の強化が必要だ」と話した。

（5）弁護士になった被害少女

勇気を出し、法廷へ

「先生という人は尊敬できて大好きだったのに、もう信用できない。ただのおっさんです」

関西地方の裁判所で2003年1月、中学1年生の女子生徒は勇気を振り絞って訴えた。

女子生徒が、担任の男性教員からわいせつな行為を受けるようになったのは02年夏。個別指導で太ももを触られるようになり、秋になると、胸を触られ、手をつかまれ、担任の下半身を触らされた。

50歳代の担任は優しそうな風貌《ふうぼう》で生徒から人気があり、母親も中学時代に教わった教員だった。だが、「私が泣き寝入りしたら先生は同じようなことをする」と考え、母親と相談し、翌日、刑事告訴に踏み切った。

担任はその日のうちに強制わいせつ容疑で逮捕された。校長は当初、その事実を全校生徒に伝えなかったが、女子生徒からの訴えで数日後に公表した。

〈先生の人生をめちゃくちゃにした〉〈あの親子、胸を触られたぐらいで何騒いでるの？〉——。担任の逮捕が明らかになると、批判の矛先は親子に向けられ、中傷メールも出回った。寛大な処置を求める嘆願書には担任の前任校の教員ら46人が署名し、当時、勤務していた学校でも教員らが同調しようとした。

女子生徒は深刻な学校不信に陥り、一時、登校できなくなった。そんな時、被害を相談していた弁護士が、被害者の権利や担任の公判で意見陳述ができることを教えてくれた。法廷で被害を克明に訴え、懲役2年6月、執行猶予3年の有罪判決へとつなげた。

「100万円払うから言わないで」

担任の刑事裁判に出廷し、被害を訴える出来事は20年にもあった。大阪府の中学2年生の女子生徒は20年3月、小学校時代の担任による強制わいせつ事件で、被害者参加制度を利用して意見を述べた。

被告の教員は小学6年時の担任で、授業が抜群にうまかった。卒業式では「人の気持ちに寄り添える先生のような人になりたい」と話すほど信頼していた。

ＬＩＮＥを交換し、中学進学後も小学校に呼び出され、勉強したノートにアドバイスをもらうことが続き、数か月後には告白された。

しばらくすると、車内などで体を触られ、キスをされるようになり、逃げると怒ったり力ずくで体をつかまれたりした。数か月後、「もう会わない」と告げると、ＬＩＮＥには「メッセージ消して」などの要求が届き、教育委員会への通報も口止めされた。

返事をしないでいると、自宅に訪ねてきた。

「自分の子供を犯罪者の子供にするわけにはいかない」「１００万円払うから誰にも言わないで」「給料がいいので先生を続けさせてほしい」。担任は懇願してきた。

女子生徒は母親と相談して学校に被害を届け出て、教員は19年11月に強制わいせつ容疑で大阪府警に逮捕された。その後、懲戒免職になり、懲役3年、執行猶予4年の有罪判決を受けた。

女子生徒は、今も男の人と2人きりになると恐怖を感じ、体が硬直して声が出せなくなるという。女子生徒は「被害を訴えるのはとても勇気がいること。同じ目に遭っている多くの子が声を上げられるよう、学校は私たちを守ってほしい」と話す。

そして、いまはこう思っている。「先生を人として許すことはできないけれど、私は将来、小学校の先生を目指します。すてきな先生だった頃、先生がしてくれたような面白い授業を、私が代わりに子供たちにしてあげたい」

弁護士の道へ

勇気を振り絞って法廷に立った冒頭の女子生徒は20年12月、弁護士となった。

司法試験に合格するまで5度チャレンジし、時にはくじけそうになった。だが、中学校時代にわいせつ被害を受け、中傷され、折れそうになった心に弁護士が寄り添い、裁判制度が救ってくれたという体験が気持ちを支えてくれた。

当時について、「法廷で裁判官の目を見て、自分がされたこと、苦しみを自分の言葉で話して、自分に胸を張れるようになった」と振り返る。

いま、自分と同じように悩む子供たちがたくさんいる現状にこんなメッセージを送る。

裁判所で被害を訴えた女性は「あれで自分に胸が張れるようになった」と振り返る（画像の一部を修整しています）

「私は第三者の立場で寄り添い、被害に苦しむ子たちを助けてあげたい。被害に苦しんでいる子も、少しの勇気を持って行動に移してほしい」

（6）20年間、誰にも言えず

低くなった自己肯定感

読売新聞で2020年9月から展開しているキャンペーン報道「許すな　わいせつ教員」には、21年4月末までにメールや手紙、電話などで計約280件の反響が寄せられた。自身も教員からわいせつ行為を受けたという内容も多く、いつまでも心の傷がいえず、数十年たった今でも苦しむ様子がつづられていた。

群馬県の50歳代女性は、小学6年の時、担任に突然叱られ、体育の授業中に胸を触られた。それからというもの、自己肯定感が低くなり、何か身の回りで悪いことが起きると、「全部自分のせいだ」と考えてしまうようになったという。

親にも相談できず、初めて周囲に打ち明けたのは、卒業から20年たった30歳代半ばの頃。青少年問題に関するセミナーに参加し、「いじめやわいせつ行為を受けた人たちは全く悪くない」という話を聞いた。その場で人目もはばからずに泣いてしまい、講師に自らの体験を初めて話した。

女性は自身の娘2人にも「強引に体を触るのは暴力。すぐ逃げて周りに相談して」と言い聞かせている。

楽しい思い出はない

神奈川県の40歳代女性は、小学4、5年生の時、教頭や別の教員に相次いで尻や胸を触られた。嫌でたまらなかったが、「同じ学校の先生2人がそろって触るということは、普通のことで、コミュニケーションの一環なのかもしれない」と思い込み、我慢した。

女性の長男は21年春、幼稚園を卒業し、小学生になった。卒業に先立って行われる予

取材班に寄せられた読者からの手紙。数十年前の被害について記された手紙も目立つ

定だった幼稚園と小学校の交流会は、新型コロナウイルスの影響で中止。幼稚園からは「代わりにお母さんたちが、ご自身の小学校時代の楽しい思い出をたくさん話してあげてください」と頼まれたが、女性は「私は小学校時代が大嫌い。楽しい思い出なんかないのに……」と複雑な思いにかられている。

被害者には男性も

「男性も被害に遭うと、声を大にして言いたい」と語るのは、埼玉県の50歳代の男性。小学5年の放課後、男性教員に複数回呼び出され、下着を脱がされて下半身を触られたり、写真を撮られたりした。

当時、教員が何をしているか理解できず、「先生が変なことをするわけがない」と思っていた。中学生になってからわいせつ行為だったと分かるようになった。周囲に相談しようと考えたが、男性からの被害ということもあり、だれにも話せなかったという。

「被害者に性別は関係ない。男性被害者専用の相談ダイヤルがもっと広がれば、救われる男性被害者もいるのではないか」と提案する。

第二章　独自の集計

わいせつ行為で処分される教員数は近年、高止まりしている。ただし、その具体的な内容は分かっていない。なぜならば、全国の教育委員会では、わいせつ行為をした教員の懲戒処分者数は発表しているが、詳細な状況は被害者の特定を避けるためなどの理由で明らかにしていないのだ。

被害の全体像が見えてこないのはこうした理由のほか、被害を受けた子供の人数が一切公表されていないことも影響している。

取材班では、このキャンペーン報道を始めるにあたり、教員の懲戒処分者数だけではなく、被害者の人数についても尋ねる全国アンケートを実施した。併せて、ＳＮＳがわいせつ行為に悪用された実態も調べた。

被害は学校現場だけにとどまらない。子供たちが放課後を過ごす施設、障害のある子供が過ごす施設、虐待などで親元を離れて暮らす施設でのわいせつ被害についてもそれぞれ全国調査を行った。

すべての教委、自治体がアンケートに回答してくれた訳ではない。ただし、被害を受けた子供の人数や手口などについては一定程度明らかになった。

この章で出てくる「数字」は処分された教員や職員の数、被害を受けた子供の人数だ。特に被害者の人数については、初めて明らかになるものばかりだ。単なる数字としてとらえず、子供たちの顔、声、訴えを思い浮かべてもらえればと考えている。

（1）被害の実態は

懲戒を受けた教員は1030人

読売新聞は2020年8月下旬〜9月上旬、全都道府県・政令市の計67教育委員会に対し、15〜19年度にわいせつなどで懲戒処分となった教員について調査を行った。その結果、19年度までの5年間にわいせつ・セクハラ行為で懲戒処分を受けた公立小中高校などの教員は1030人に上り、このうち約半数の496人が、自らが勤務する学校の

懲戒処分を発表し、謝罪する千葉県教育委員会幹部ら（2020年10月14日）

児童生徒（卒業生を含む）を対象としていたことが明らかになった。

1人の教員が複数の教え子にわいせつ行為を繰り返す例もあり、学級担任など自校教員から被害を受けた子供は少なくとも945人に上ることも判明した。文部科学省では毎年、処分された教員数については公表しているが、この調査で被害者の人数が初めて明らかになった。「指導」や「面談」と称して教え子を呼び出す事例が目立ったほか、被害児童に口止めをするケースもあった。

高知県では16年、小学校の29歳の男性教員が、修学旅行先のホテルで男子児童の下半身を触るなどして懲戒免職になった。県教委によると13年9月以降に計14人の男子児童が被害に遭ったが、男性教員はこのうち数人に対し、誰にも言わないよう何度も念押ししたという。

ただし、この全国調査では、「プライバシーへの配慮」などを理由に石川、広島、徳島、愛媛の各県と名古屋市の5教委は被害者数を非公表とした。このため実態はさらに多いとみられる。教え子以外では、SNSで知り合った他校の生徒や、学校の同僚などへのわいせつ行為などで処分された事例があった。

文科省によると、児童生徒らへのわいせつ・セクハラ行為で処分を受けた公立学校の教員は18年度、過去最多の282人に上った。

「氷山の一角」にすぎない

NPO法人「スクール・セクシュアル・ハラスメント防止関東ネットワーク」代表の入江直子・神奈川大名誉教授（教育学）は、「学校で教員は絶対的な権力者であり、子供は声を上げにくい。『わいせつをする方が悪い』という教育を徹底して声を上げやすくし、子供や親から相談があれば客観的かつ迅速に調査する体制を整えるべきだ」と話す。

教育評論家の尾木直樹さんはこう語る。

「わいせつ行為で懲戒処分された教員は『氷山の一角』だと感じる。教員と児童生徒はある種の主従関係で、対等ではない。一方で、教員は本来は子供が好きで、それが高じてしまい、ゆがんだ愛情に暴走する危険性がある。子供も教員を信頼しているために指導と受け止めてしまい、被害に気づけない場合も多い。各教育委員会には、教員の道徳的価値観を強化するプログラムの導入を強く望みたい」

学校でのわいせつ・セクハラ行為の定義

文部科学省では、わいせつ行為を「強制性交や公然わいせつ、わいせつ目的をもって体に触ることなど」、セクハラを「児童生徒らを不快にさせる性的な言動など」と定義している。同省では、児童生徒に対してわいせつ行為をした教員を原則、懲戒免職とするよう各教委に要請している。

18年度にわいせつ・セクハラ行為で処分を受けた教員282人について、所属する学校別に見てみると、最多は高校の101人だった。次いで、中学校（86人）、小学校

わいせつ・セクハラ行為で処分された教員の学校種別と人数

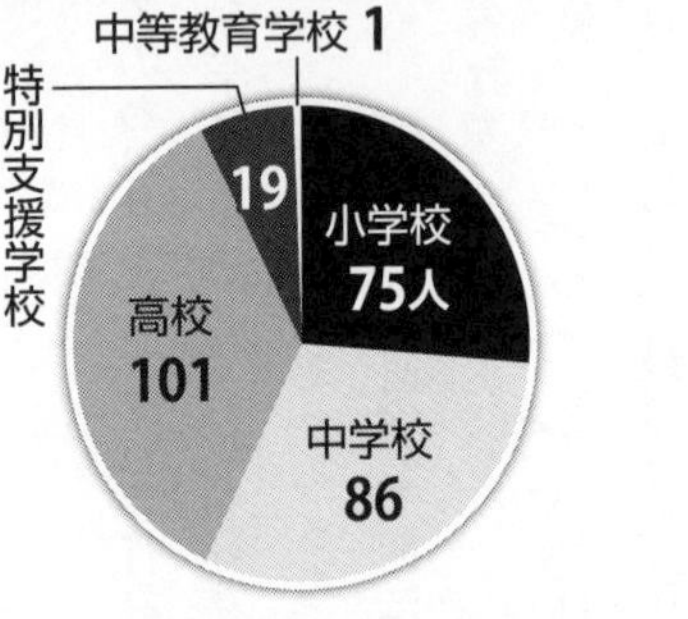

※2018年度。文部科学省まとめ

（75人）、特別支援学校（19人）だった。

年齢別では、20代が71人、30代は82人、40代は53人、50代以上が76人。約92万人の教員全体から見ると、処分を受けたのは０・03％だった。

教員のわいせつ行為の発生率に関する研究も手がける京都教育大の榊原禎宏教授（公教育経営論）は、「教員は個人の裁量も大きく、子供への臨機応変な対応、高度な感情の管理が求められるという難しい職務特性がある。一部の教員によるわいせつ事案を防止するためには、研修とともに、異変に気付くことができるような風通しの良い職場づくりも大切だ」と指摘している。

２８２人の処分者について、発生場面別に見ると、最多は「勤務時間外」で１８０人（63・８％）。次いで、「放課後」29人（10・３％）、「授業中」19人（６・７％）、「部活動」17人（６・０％）だった。「休み時間」というわずかな時間でも、14人（５・０％）が

教え子へのわいせつ行為で懲戒処分されたケース

（読売新聞の全国調査から）

【休み時間】小学校
男性教員が教室でクラスの女子児童の腹部を触り、下着の中にも手を入れる
【放課後】高校
校内で勉強の相談を受けた男性教員が、女子生徒の胸を触り、「今のことは誰にも話すな」と口止め
【部活動】中等教育学校
マッサージと称し、部活動の顧問の男性教員が女子生徒６人の下半身を触る
【長期休業期間】高校
男性教員が夏休みに、生徒指導室で女子生徒への小論文の指導後、抱きつき、「誰にも言うな」

わいせつな行為で処分されている。

発覚した理由としては、最多は「教職員への相談」１１０人（39・０％）で、次いで「警察からの連絡等」74人（26・２％）だった。

（2）悪用されるＳＮＳ

事務連絡手段としての広がり

２０１９年度までの5年間に教え子へのわいせつ行為などで懲戒処分を受けた公立学校教員４９６人のうち、少なくとも２４１人が、被害生徒らとＳＮＳなどで私的なやりとりをしていたことが全国調査で分かった。事務連絡の手段として学校現場で広く使われているSNSが、子供たちへのわいせつ行為に悪用されている実態が浮き彫りになった。

富山、石川、広島、愛媛の各県と札幌市の5教育委員会は、「被害者保護のため」といった理由でやりとりの有無などを公表せず、実際にはさらに多い可能性がある。

現在、SNSやメールを電話に代わる「緊急連絡網」として利用する学校は多いが、5年間に自校の児童生徒や卒業生らへの行為で処分された教員496人の約半数が、そうした教え子たちとSNSなどで私的なやりとりをしていたこととなる。

大阪市では18年9月、強制わいせつ罪で起訴された市立小学校教員の男（当時34歳）が懲戒免職となった。男は教え子だった男児を、LINEを使って「アニメの音楽をダウンロードしてあげる」などと誘い出し、わいせつな行為をしていた。ほかの地域でも、教員が女子生徒にSNSで好意を伝え、わいせつな行為をするなどの例があった。

今回の調査では、全国67教委のうち7割にあたる48教委が、通知や内規などで教員と児童生徒らとの私的なやりとりを禁止していたことも判明した。

だが、こうした禁止ルールが守られていない実態もある。愛知県では県教委が私的なやりとりを禁じていたものの、県立高校の男性教員が女子生徒とＳＮＳでやりとりを続け、生徒を自分の車に乗せて抱きつくなどの行為をしていた。この教員は19年２月に停職３か月の懲戒処分となった。

生徒にＬＩＮＥで「好きだ」

「ＳＮＳは学校現場では広く使われている。通知を出して禁止することも大切だが、最後は教員のモラルに頼らざるを得ない部分もある」

ある東京都立高校の校長がこう嘆くように、学校現場では、教員と生徒とのＳＮＳによる私的なやりとりを介したわいせつ行為が後を絶たない。

大阪府教委では、20歳代の男性教員が、わずか11日間にＬＩＮＥで計８９３通ものメッセージを女子生徒に送ったり、60歳代の男性教員が女子生徒に「君との結婚生活を考えている」などというメールを送ったりするなど、過去５年間にＳＮＳを介したわいせつ行為などで計15人の教員を懲戒処分にしていた。

府教委は、ＳＮＳなどでの私的やりとりを禁止する通知は出していなかった。

最近は自宅に固定電話がない家庭もあり、連絡網として使われるSNSがわいせつ事案につながる事例もある。

神奈川県では、県立高校の40歳代の男性教員が14年、顧問を務める野球部のマネジャーだった女子生徒と連絡網としてLINEを交換。それ以降、「好きだ」というメッセージを送ったり、校内で女子生徒を何度も抱きしめたりした。県教委は17年12月に停職6か月の懲戒処分とし、教員は退職した。

京都府では17年7月、公立中学校の20歳代の男性教員が、部活動で指導する女子生徒と連絡網としての電話番号の交換を手始めに、LINEのやりとりを始めた。ドライブに誘ったり、キスをしたりするようになり、男性教員は同年8月、懲戒免職となったが、「LINEでやりとりするようになり、好意を持ってしまった」と話したという。

関東地方の教委担当者は、「部活動では指導する側とされる側という関係性がより強くなる。そのため生徒は教員のおかしな指示にも逆らえなくなってしまうようだ」とため息をつきながら話した。

SNSやメールを介した教員によるわいせつ行為の概要

処分の公表	自治体	事案の概要	処分の内容
2016年8月	宮城県	男性教員（当時53歳）が中学の女子生徒に、約２か月にわたり性的描写を含むメールを１日最大40通送る	停職12か月
19年２月	愛知県	県立高校の男性教員（当時35歳）が「生活指導」として女子生徒とLINEを交換。やりとりを続け、車内で抱きつくなどした	停職３か月
20年１月	兵庫県	県立高校の男性教員（40歳代）が、顧問を務める運動部の男子生徒３人の下半身を数十回触る。連絡網のLINEで「泊まりに来い」とのメッセージも送る	懲戒免職

高校生の97％が利用

内閣府の18年度調査では、スマホの利用率は小学生45・９％に対し、中学生は70・６％、高校生は97・５％に上る。

警察庁によると、19年にＳＮＳを通じて犯罪に巻き込まれた18歳未満の子供は、前年比２７１人増の２０８２人で、統計を取り始めた08年以降で最多。特に、中学生の被害が約１・４倍に増えていた。

文部科学省では20年７月、中学校へのスマホの持ち込みについて、安全な利用に留意するという条件付きで容認することを決めた。文科省の担当者は、「ＳＮＳは誰の目にも触れずに連絡が取れる。

その危険性に留意し、適切な使い方に努めてほしい」としている。

子供とネットの問題に詳しい兵庫県立大学の竹内和雄准教授はこう語る。「ＳＮＳは部活動やクラスの連絡に広く使われている。私的な利用を防ぐには、業務専用のアカウントを設け、ほかの教員や保護者が内容をチェックできるようにするなどの仕組みが必要だろう。教員研修などで情報モラルやＳＮＳの利用についてきちんと学ばせることも重要だ」

（3）放課後の施設での実態

「グルーミング行為」

子供たちが過ごす場所は学校だけではない。放課後や夏休みなどに子供たちが利用する「放課後児童クラブ（学童保育）」や障害児が通う「放課後等デイサービス（放課後デイ）」（※）といった施設でも、わいせつ被害は起きている。子供たちが過ごすこうした施設では、学校とは異なり、遊びの場やおやつを提供することも多いため、職員と子供は、学校の教員とよりも密接な関係を築くケースもあるとされてきた。

近年、わいせつ目的などを隠したまま、子供に近づき、物や機会を提供して次第に操ることは「グルーミング行為（手なずけ行為）」とされ、問題視されるようになっている。2021年から始まった法制審議会（法相の諮問機関）では、こうした行為自体を取りしまることの検討も行われている。

子供が利用する施設で、なぜ、被害が起きるのか。次の調査からは施設の抱える課題も見えてくる。

犯罪歴を隠して採用

学童保育と放課後デイで、20年度までの5年間に、利用者へのわいせつ行為が確認された職員は少なくとも44人、被害者は69人に上ることが全国調査で分かった。わいせつ事件の犯歴を隠して採用され、再び犯行に及ぶ例もあり、学校現場でのわいせつ教員問題に続き、子供たちを預かる施設でも課題が浮かび上がった。

読売新聞は21年7月中旬〜8月上旬、全都道府県、県庁所在市、政令市、中核市、東

京23区の計１５６自治体に全国調査を実施。ＮＰＯ法人や民間企業が運営する「民営」の施設についても、自治体が把握している事案について尋ねた。両施設でのわいせつ被害の実態が明らかになるのは初めて。

施設別に見ると、わいせつ事案で逮捕されるなどしたのは、学童保育では職員19人、被害を受けた子供は30人。放課後デイでは、同様に職員25人、被害を受けた子供は39人

学童保育・放課後デイの施設数、利用者数の推移

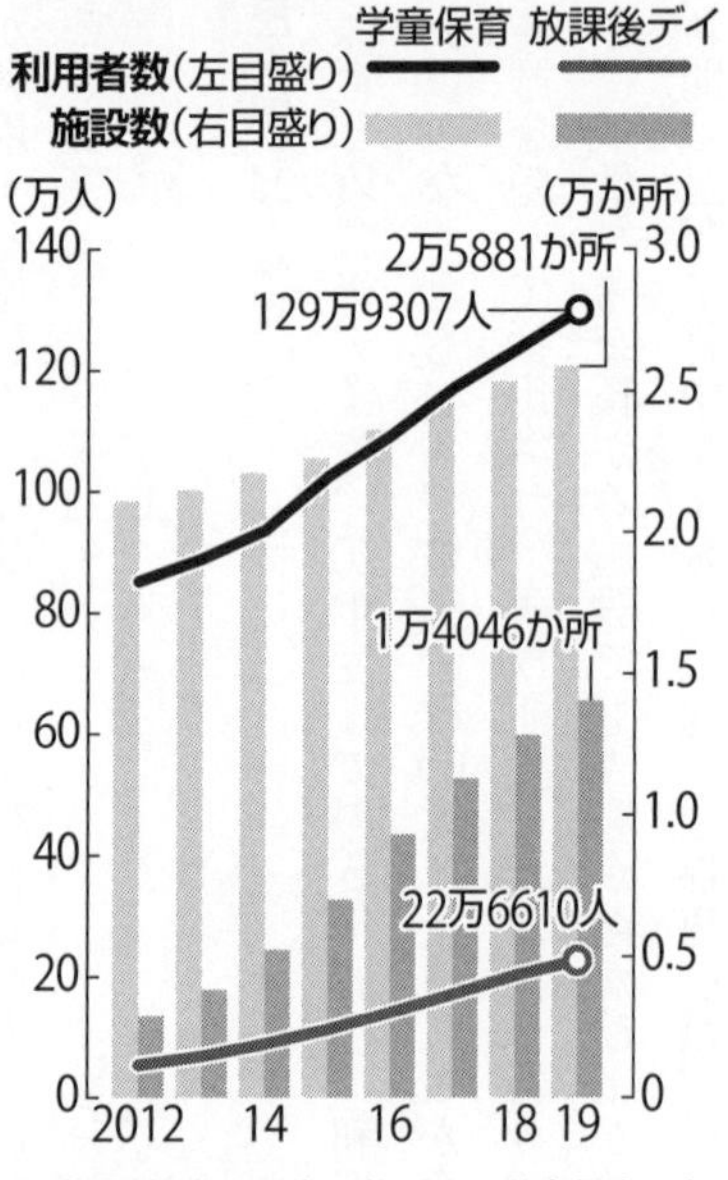

※厚生労働省の調査に基づく。学童保育は年、放課後デイは年度

に上った。一部自治体は「被害者やプライバシーの保護」を理由に処分者などの人数や被害者数を非公表とした。

小学生が対象の学童保育には、保育士や教員免許などの資格を持った放課後児童支援員ら約16万人が、放課後デイには保育士や実務経験を積むなどした児童指導員ら約７万人（常勤換算）が勤務する。

全国の学童保育・放課後デイで起きた主なわいせつ行為

学童保育	20歳代の**アルバイト補助員**の男子大学生が女児５人の体を触ったとして解雇
	20歳代の**非常勤職員**の男が女子トイレにカメラを設置し、児童２人を盗撮
放課後デイ	20歳代の**児童指導員（正規職員）**の男らが複数の児童の下着を脱がせ、その様子を動画撮影。児童が学校でのアンケートで被害を訴え、発覚
	知的障害児向け学童施設で、40歳代の**正規職員**が小学生の女児に繰り返し性的暴行

学童保育は19年には、２万５８８１か所、利用者数１２９万９３０７人と、いずれも過去最多を更新。放課後デイも、施設数は12年度の２８８７か所から、19年度は４倍以上の１万４０４６か所、利用者数も22万６６１０人と増加傾向だ。

そのため、人材の確保が各施設で課題となっている。資格を持たない職員をアルバイトで雇うところも多く、今回の読売新聞の調査でも、わいせつ行為が確認された44人のうち、15人はバイトなどの非正規職員だった。

繰り返された卑劣な犯行

関東地方の裁判所では17年8月、民間の学童保育を経営する30歳代の男に強制わいせつ罪などで懲役10年の判決が言い渡された。

判決によると、男は13～16年、預かった男児や男子中学生ら計13人に対し、計70回以上、わいせつな行為を繰り返した。男は、過去に従業員として勤めた学童保育でも、児童にわいせつ行為をしていたことも明らかになった。

判決では、「児童の健全な育成を図るべき立場なのに、被害児童らが被告を信頼していたことなどを利用した卑劣な犯行」と指摘された。

男は学童保育の施設内のほか、送迎の車中や宿泊施設などで犯行に及んでいた。

※放課後等デイサービス

学校に通う6～18歳の発達障害や知的障害などがある子供を、自治体の指定を受けた施設が放課後などに受け入れる制度。児童福祉法に基づき、2012年度に始まり、19年度の利用者は約22万7000人。社会福祉法人やNPO法人、企業などが運営する。

(4) 児童養護施設は

慕われている立場を悪用

虐待を受けたり、養育を放棄されたりした子供が生活する「児童養護施設」(※)で、2020年度までの5年間に利用者へのわいせつ行為が確認された職員は少なくとも47人、被害に遭った子供は69人だったことが分かった。児童養護施設での性的虐待の被害実態について、厚生労働省は公表していない。

読売新聞は21年7～12月、全都道府県と政令市、児童相談所設置の中核市と特別区の計73自治体に全国調査を実施。16～20年度に、児童養護施設の職員が入所中や過去に入所していた18歳未満の子供にわいせつ行為をしていた事案の有無について尋ねた。

青森県と名古屋市は「公表していない」として処分者の人数や被害者数を答えなかっ

た。

その結果、22自治体が管内にある児童養護施設でわいせつ事案があったと回答し、47人の職員が69人の利用者にわいせつ行為をした疑いがあることが分かった。被害を受けた子供は延べ人数の可能性もある。

九州地方の施設では16〜19年、40歳代の児童指導員の男が、在職中や退職処分後を含め、当時10〜15歳の男子小中学生計4人にわいせつな行為をさせるなどした。男が子供たちの面倒を見て、慕われている立場を悪用したとして、強制わいせつ罪などで懲役8年の判決が確定した。

児童養護施設は児童福祉法に基づき、家庭での養育が難しい、おもに2〜18歳未満の子供を入所させ、養護している。

元大阪市中央児童相談所長でNPO法人児童虐待防止協会の津崎哲郎理事長は、こう語る。

「アットホームな環境にするために施設は小規模化が進んでいる。職員不足もあり1対1の環境が生じやすい。子供たちは成育環境から職員に親近感を抱きやすい側面もある。

わいせつ事案を防ぐためには、具体的な場面を想定した研修のほか、子供へのわいせつ行為などの犯罪歴をチェックできる仕組みが必要だ」

※児童養護施設

厚生労働省によると、2020年3月末時点で全国に612か所あり、約2万4500人が入所中。職員は約1万9200人。社会福祉法人などが運営し、保育士や養成学校を卒業するなどした児童指導員らが養育や生活全般の指導を行う。平均在籍期間は5・2年だが、10年以上過ごす子供も1割以上いる。

施設長の悔恨

事件が起きた施設の責任者へのインタビューからは、「死角」で起きた事案を把握することの難しさも垣間見える。

ある児童養護施設で、男性職員が勤務先の施設で暮らす女子高生と性的な関係を持ったとして、児童福祉法違反容疑で逮捕された。

「まさか、という思いだった……。私の責任だ」。施設長は肩を落として話した。

発端は、男性職員と女子高生がSNSでやりとりをしていることが分かったことだった。施設内のルールでは、職員と子供の間でのSNSを禁止していた。内容を確認すると、2人が頻繁にスマートフォンを使ってSNSで交流していた。施設外で待ち合わせをし、親密な関係であることもうかがえた。施設長は、男性職員に自宅待機を命じ、警察に通報した。

男性職員は勤続10年を超え、過去に問題を起こしたことは一度もなかった。むしろ熱心な職員という印象だったという。

児童養護施設で暮らす子供たちにとって、施設は家庭に代わる居場所だ。施設の職員は、交代で泊まり勤務などをして食事や就寝などの時間を子供たちと共に過ごす。施設内には、子供の発達に応じてプライバシーに配慮した個室などもあるが、その反面、死角もできやすい。

この女子高生は、親からのネグレクト（育児放棄）などを理由に施設で生活するようになった。施設長は「家庭環境が複雑な中で育つなどした子供たちが職員を慕うこともある。しかし、職員がその立場を利用して、子供と性的な関係を持つことは許されない。

子供が将来、『だまされた』とトラウマになることもある」と語る。

第三章　卑劣な手口

立場を悪用し、子供たちにわいせつ行為を繰り返すことは卑劣だ。その立場を得ようと、自らの処分歴や逮捕歴を再就職先に正しく伝えずに、子供と接する仕事に就こうとする教員や学童保育などの施設職員がいることも取材からは明らかになった。

ある元教員は、懲戒免職になってすでに効力を失っている教員免許状のコピーを示して、再就職先に教員経験をアピールして、障害児を支援する福祉サービス会社に採用された。また、施設の元職員は「障害者ならば周りに説明できない」として、障害児ばかりを狙う理由を語った。

ほとんどの教員や職員は、本来は子供と接することが好きで、子供の成長を実感することが、仕事のやりがいになっているはずだ。だが、ごく一部の教員、職員は、わいせつ行為を行う目的を隠して、子供に近づこうとしている。

（1）処分歴を隠す教員

免許状をコピーし、再就職

東京都内の50歳代の元小学校男性教員が2019年、児童へのわいせつ行為で懲戒免職となった直後、その事実を隠して障害のある子供向けの福祉サービス会社に再就職していたことが明らかになった。免職となり、教員免許が失効したにもかかわらず、元教員は免許状のコピーを示し、免許を保持していると偽って採用されていた。教員の処分歴について民間会社が把握することの難しさが浮き彫りになった。

都教育委員会などによると、元教員は18年に教室で児童の下半身を触るなどのわいせつな行為をしたとして、都教委から19年10月、懲戒免職処分を受けた。保護者らによると、元教員から被害を受けた児童は複数に上るという。

教員免許法では、懲戒免職となれば教員免許は失効する。複数の関係者によると、元教員は懲戒免職直後の同年10月末、求人サイトを利用し、障害のある子供の発達を支援する福祉サービス会社に応募。11月中旬に面接を受けた際、すでに失効している教員免許状のコピーを持参し、「教員免許を持っている」と経験をアピールしたという。

元教員はパート社員として入社し、同社が運営する施設で子供と接する仕事を始めた。20年1月には正社員になった。一方、この元教員がインターネット上の同社のブログで新規スタッフとして紹介されたことで、わいせつ行為で懲戒免職になったという情報が同社に寄せられた。会社側が事情を聞いたところ、元教員は過去の処分と免許失効の事実を認めて退職した。

元教員の履歴書には、かつて東北地方で教員をしていた経歴は載っていたが、都内での勤務歴は記されていなかった。元教員は「懲戒免職になったと知られたら雇ってもらえないと思った」と話したという。

同社の関係者は「免許状のコピーもあり、教員経験者であることは採用の決め手だった。わいせつ行為で失効していると分かれば採用しなかった」と話す。

懲戒免職などで免許失効となった教員の氏名は教員免許法により官報への掲載が義務づけられているが、元教員の処分が掲載されたのは免職から数か月後。元教員は免職後

元教員を巡る経緯

（読売新聞の取材などに基づく）

	東北の小学校に教員として勤務
2018年	東京都内の小学校で児童にわいせつ行為
19年10月	都教委から懲戒免職処分を受け、教員免許が失効
	子供向け福祉サービス会社の求人に応募
11月中旬	面接で失効している教員免許状のコピーを提示。パート社員として入社
20年1月	正社員となる
同年夏	過去のわいせつ行為に関する苦情が寄せられ、退職

すぐに同社に応募し、19年11月には採用が決まったが、この時点ではまだ官報に掲載されていなかった。同社側は「官報で分かるとは知らなかった。だが仮に知っていても時間差があれば把握は難しい。一企業が個人の経歴の裏付けを取るのは限界がある」と打ち明けた。

都内の小学校に勤めていた頃の元教員を知る保護者は「免許があるとウソをついてまで、子供と関わる仕事を続けていたことに恐ろしさを感じる」と憤った。

性犯罪をくり返す例も

教員らが性犯罪歴などを隠して別の教育現場で採用され、再びわいせつ事案を引き起こす例もある。

札幌市では、児童相談所の職員だった男が一時保護中の男子児童への強制わいせつ罪に問われ、17年に懲役3年6月の実刑判決が確定した。この男はもともと、同市立小学校の教員で、1990年に児童にわいせつ行為をしていたことが2002年に問題となり、懲戒処分を受けて退職していた。児相と市立学校は同じ市の施設でありながら情報は共有されていなかった。

児相の担当者は「採用時に過去の処分歴についてウソをつかれたら、確認するすべはない」と話す。

千葉県では21年2月、公立中の学習サポーターの男が電車内で痴漢をしたとして、懲役10月の判決を受け、懲戒免職になった。その際、男は千葉県教委の聴取に「16年頃にも痴漢で実刑判決を受けた」と説明した。

日本大の末冨芳教授（教育行政学）はこう語る。

「元教員がスキルを生かして塾や予備校、子供と関わる民間会社に転職する例は多い。今回のようなケースは氷山の一角だろう。わいせつ行為で処分された教員は教育関連職にも就けないようにするべきで、官報で懲戒免職歴が分かることを民間にも広く周知するとともに、犯罪歴などを照会できる公的制度が必要だ」

（2）施設職員の犯罪歴

「怪しい点はなかった」

「採用は運営を委託する民間事業者に任せていた。採用時、履歴書だけを確認し、子供が好きで意欲が感じられたことから採用してしまったようだ」

千葉県のある自治体の担当者は、「放課後児童クラブ（学童保育）」の運営を委託する民間事業者が、職員の男に面接で過去の犯罪歴などを確認していなかったことを悔やんだ。

男は2020年11月、千葉県内の学童保育で小学生の男児のズボンの中に手を入れ、陰部を触るなどのわいせつ行為をした。千葉地裁は21年2月、「立場を悪用し、卑劣かつ悪質な犯行だ」として、懲役2年、保護観察付き執行猶予5年の判決を言い渡した。

実はこの男は、岡山県の学童保育に勤めていた20年3月にも同様の事件を起こしていた。だが、その事実をこの事業者が把握したのは逮捕後だった。事業者は「本人からの申告もなく、提出された履歴書に怪しい点もなかった」などと自治体の担当者に説明したという。

事件を受け、この自治体は学童保育の運営を委託する全民間事業者に対し、面接時には犯罪歴など履歴書に書かれていない事項を確認することなどを求めた。

認定者名簿から削除

自治体間の情報共有も課題だ。

神奈川県西部の学童保育では、元放課後児童支援員の40代の男性が20年12月、利用者の13歳未満の女児を膝の上に乗せ、口にキスをしたとして、21年7月に強制わいせつ容疑で逮捕され、同罪で起訴された。

女児が家族に相談したことから、施設側が事案を把握し、自治体にも連絡が入り、21年1月には県にも報告された。最終的な調査報告を待ち、県は5月下旬、男を放課後児童支援員の認定者名簿から削除した。

県は支援員の資格を証明する「修了証」の返却を男に通知し、男は期限内に返却。男は解雇されたが、県内の別の障害児通所支援施設に採用され、逮捕時まで働いていた。県の担当者は「放課後児童支援員の名簿は、認定者の居住自治体から依頼があれば提供している。ただし、公表はしていない」と話す。

自治体の担当者は「各施設は慢性的な人手不足で職員の入れ替わりも激しい。自治体では把握しきれない」とする。

自治体の8割は「確認せず」

読売新聞は21年7～8月、県庁所在市、政令市、中核市、東京23区の計109自治体に全国調査を行い、学童保育、「放課後等デイサービス（放課後デイ）」の両施設（民間含む）で、職員が過去にわいせつ事案を起こしたことがあるかなどを確認しているのかを尋ねた。

学童保育では、「確認している」は12自治体、「していない」は89自治体、「その他・

未回答」は8自治体。放課後デイでは、「確認している」は6自治体、「していない」は84自治体、「その他・未回答」は19自治体だった。

実施している自治体では、「面接時に口頭で確認している」（神戸市）や「前職を辞めた理由を詳しく聞く」（北九州市）などのほか、「採用時に幼児性愛の性癖のほか、過去のわいせつ行為等で組織を離れたことがないかなども尋ねる」（愛知県岡崎市）との回答もあった。

静岡大の石原剛志教授（児童福祉論）はこう語る。

「保育や福祉として子供に関わる施設では、教員よりも身体的接触を伴う機会が多い。専門的な知識や高い倫理観が求められるが、研修の機会や自治体のチェック機能は十分ではない。子供の安全を確保するため、情報を共有できる体制作りや職員研修を見直すなど、国主導で業界全体の問題点の改善に取り組むべきだ」

（3）学校の死角

8万室の空き教室

教員が「指導」などと称して児童生徒を呼び出し、わいせつな行為をする事例では、空き教室や倉庫などが現場となるケースが目立つ。目が届きにくい「学校の死角」だ。文部科学省によると、全国の公立小中学校の空き教室は計約8万室に上る。

千葉県教育委員会では2020年度、教員のわいせつ・セクハラによる懲戒処分は14件（監督責任除く）で、前年度から倍増した。「指導の徹底や研修強化などの手は打っている。なぜ、こんなに多いのか……」と担当者は苦悩する。

ある県立高校では、教員が空き教室を部活動の顧問室として私物化し、そこで女子生徒にわいせつな行為をしていたことが判明。県教委では教員を懲戒免職にし、県内の公立学校の校長に校舎の緊急点検を指示した。空き教室などが私物化されていないかの調査とともに、施錠などの対策を講じた。

悪用された死角

空き教室の悪用は全国で見られる問題だが、有効な手立てはとられていない。

北九州市では19年7月、中学校講師の男が、空き教室で女子生徒にわいせつな行為を繰り返したとして懲戒免職になった。栃木県でも20年11月、小学校教員の男が、女子児童が体操着に着替える際に使う空き教室にスマートフォンを設置。複数の児童の着替えを盗撮したとして、県教委は21年1月、懲戒免職にした。

大阪地裁は21年1月、約2年半にわたって女児12人に空き教室などでわいせつな行為をしたとして、大阪府門真市立小学校の元講師の男に懲役5年6月の実刑判決を言い渡した。

同市教委の担当者は「空き教室を児童の指導にも使用していたが、そこを悪用されてしまった」とし、指導については廊下で行ったり、ドアを閉めないで実施したりすることなどを各校に指示した。

児童生徒数の推移

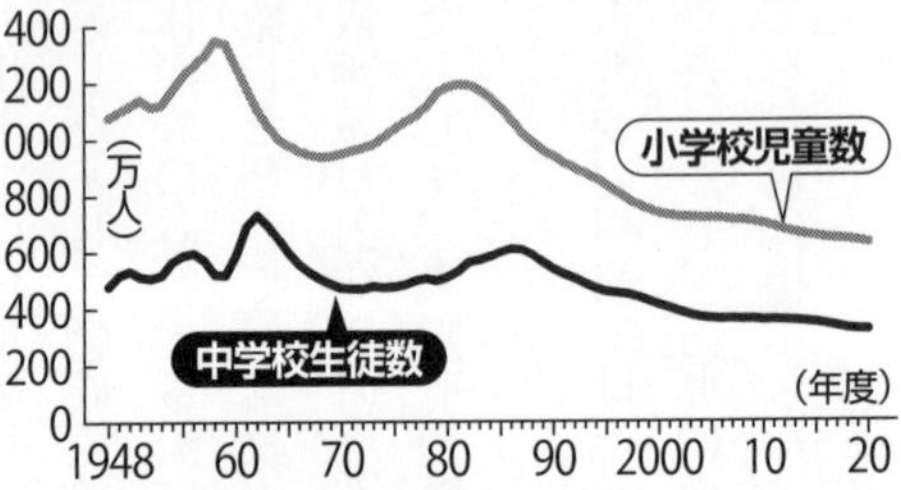

※文部科学省の学校基本調査などから。児童生徒数は国・公・私立の合計数

学校にできることは

文科省によると、19年度に教え子などの子供へのわいせつやセクハラ行為で処分された教員は170人で、処分者全体（273人）の6割を占めた。

行為の場所では、「教室」が29人、「保健室、生徒指導室等」が28人、「運動場、体育館、プール等」が17人など。場面別では、「放課後」23人、「授業中」20人、「休み時間」16人だった。

文科省の担当者は「学校全体で密室や死角を作らない取り組みを進めねばならない。チームで児童生徒への指導に当たることも検討するべきだ」とする。

東京学芸大学の渡辺正樹教授（安全教育学）は「空き教室が完全な死角となってしまわないよう、ドアや廊下側の窓を外し、オープンスペースにするといった工夫もできる。教員間では児童生徒と1対1にならないことを徹底し、児童生徒には性暴力や性犯罪に早く気付き、被害を防ぐ行動をとるための教育が重要になる」と指摘する。

増加する空き教室

児童生徒数の減少に伴い、全国の空き教室は増え続けている。

文科省によると、公立小中学校は第２次ベビーブーム世代（１９７１～74年生まれ）に合わせて建築されたものが多く、この世代が在籍した80年代は、国公私立の合計で小学生は１１９３万人（81年度）、中学生は６１１万人（86年度）。その後、子供の数は減少し、２０２０年度は小学生が約６３０万人、中学生は約３２１万人とほぼ半減した。

近年は、公立小中学校も年間で４００校前後が廃校になっているが、それでも、空き教室は増えている。文科省によると、09年度が６万１１０２室、13年度が６万４５５室で、17年度は調査方法が変更されたこともあり、８万４１４室まで増えた。各地では、少人数学習や習熟度別授業などで活用する例も多い。

(4) 障害児を狙う犯行

「行為を拒否できない」

静岡地裁沼津支部では2021年6月、放課後等デイサービスに通う知的障害児らにわいせつ行為をした元保育士の30歳代の男に、強制性交罪などで懲役12年の判決が言い渡された。

判決では、男は19〜20年、自身が勤務する放課後デイを利用していた知的障害などのある10歳代の少女3人にわいせつな行為をし、その様子を動画で撮影。特別支援学校などに車で迎えに行き、車内などでわいせつ行為を繰り返したと指摘された。

男が検察当局に対し、「障害があれば、無理やりする行為を拒否できない。被害を親や周囲に説明できないから、都合が良い」などと供述していたことも裁判で明らかになった。

事案を監査した静岡県の担当者は「資格を有した児童指導員や保育士を一定数配置し

ているが、今回の事件では、その保育士が犯行に及んでしまった」と話した。

添乗員として乗り込む

「男の勤務態度は真面目だった。まさかそのような意図があったとは……」。21年9月上旬、取材に応じた関東地方の別の放課後デイ代表の70代の男性は、苦い表情で口を開いた。

数年前、男性が代表を務める施設で、40歳代の職員の男が知的障害のある女児らにわいせつな行為などをしたとして、強制わいせつ容疑などで逮捕された。

男は面接時、「子供に関する福祉の仕事をしたい」と熱意を語った。障害児施設での勤務経験もあり、人手不足から採用を決めた。だが、男は女児にばかり近づこうとし、子供と接しない業務へと配置換えをした。

ある日、男は送迎車に添乗員として勝手に乗り込み、運転席の後ろで女児の下半身に触れ、動画を撮影。帰宅した女児が両親に伝え、発覚した。男は、別の女児3人にもわいせつ行為をしていたとして、強制わいせつなどの罪で懲役7年の判決を受けた。代表の男性は「被害者には大変申し訳ない。二度と起きないよう徹底したい」と謝罪した。

1年半に及んだ犯行

送迎サービスでは、同様の事案が各地で起きている。

19年には、石川県内の放課後デイの職員の男が送迎中の車内で、当時7～11歳の障害がある女児6人にわいせつな行為を繰り返した。金沢地裁は20年7月、「被害を訴えることが困難な女児の特性につけ込み、職員という立場を悪用した」などと指摘し、懲役7年の判決を言い渡した。

厚生労働省障害福祉課障害児・発達障害者支援室は「送迎中のわいせつ行為という手口は把握していなかった。あってはならず、遺憾だ。事業所には、わいせつ行為など虐待防止の職員への周知徹底を求めている」としている。

性暴力撲滅の啓発活動を行うNPO法人「しあわせなみだ」の中野宏美理事長は、こう話す。

「子供を支援する立場の職員によるわいせつ行為は決して許されず、障害のある子供であればなおさらだ。学童保育、放課後デイの両施設では、職員を異動させたり解雇したりして内々に処理するケースもあり、自治体の把握人数は氷山の一角だろう。性被害は自治体や警察に通報すべきだという認識を施設側にも定着させ、実態を掘り起こす必要がある」

また、放課後デイ事業者でつくる「全国放課後連」の真崎尭司《たかし》事務局次長は、このように語る。

「子供は被害を訴えにくく、障害があればなおさらだ。利用できる施設も限られ、泣き寝入りしているケースもあるだろう。放課後デイは、低賃金や新規参入しやすいといった構造的な問題もある。行政にはこうした問題の解決や新たな研修制度など対策を進めてほしい」

放課後等デイサービスが「送迎」を行う主な理由（複数回答）

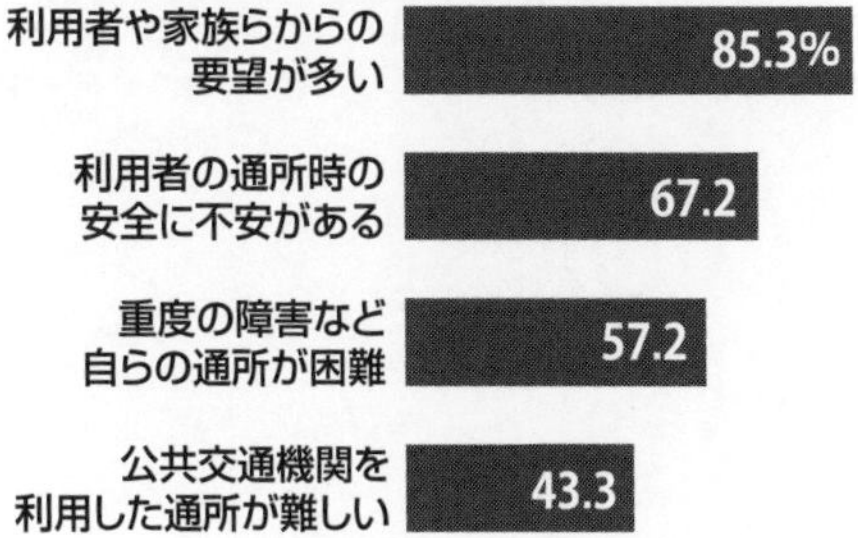

※厚生労働省の2018年度調査から

第四章　教育委員会

教職員を監督する立場にあるのは、全国の自治体にある教育委員会だ。ただし、監督する立場にあるものの、時として、問題を起こした疑いがある教員をかばうようなこともある。懲戒免職になった教員を官報に掲載しなかったり、わいせつ行為をした「相手」が自校の生徒ではないとして免職にしなかったり、被害を認知しても、警察への届け出をしなかったり。この章では、教育委員会への取材を通して浮かび上がった課題を取り上げる。わいせつ教員問題の背景には、一部の教育委員会が加害教員を守るような対応を取ることがあるとも言える。

（1）不掲載という問題

官報不掲載61人、わいせつ事案46人

懲戒免職などで教員免許を失効した教員について、教員免許法では、都道府県教育委員会に対してその氏名を官報に掲載するよう義務づけている。

それにも関わらず、2019年度までの10年間に、10都道府県の教委で計61人の不掲載があったことが取材班の調査で分かった。このうちわいせつ事案は46人に上る。一部の教委は「被害者保護」を理由に独自の判断で掲載を見送っていたことも判明した。

官報に掲載された教員免許失効者の情報は、文部科学省の「官報情報検索ツール」(※)に取り込まれ、各地の教委が教員採用時に処分歴を確認する際に活用されている。

官報への不掲載は20年11月に沖縄県で発覚した。これを受け、取材班は全都道府県教委への調査を実施。その結果、大阪で13人、千葉で12人、沖縄で11人、宮城で10人、北海道で6人、広島で4人、岐阜で2人、東京、佐賀、熊本で各1人の不掲載が判明し、

うち46人がわいせつ事案だった。

千葉、宮城、佐賀、熊本の4県教委では、不掲載だった計24人の教員すべてが児童生徒へのわいせつ行為による免許失効者だった。4教委は不掲載の理由を「官報に教員の氏名が載ると被害者が特定される恐れがある」と説明した。

16～19年度の12人分を掲載していなかった千葉県教委の担当者は「被害者の卒業後など特定されない時期を見計らって掲載する予定だった」と話した。残る6教委のうち5教委は手続き上のミス、1教委は原因を調査中とした。

官報への不掲載があった教育委員会と件数

（）はわいせつ事案

北海道	6（5）
宮城県	10（10）
千葉県	12（12）
東京都	1（1）
岐阜県	2（1）
大阪府	13（5）
広島県	4（2）
佐賀県	1（1）
熊本県	1（1）
沖縄県	11（8）
合　計	61（46）

※2010～19年度分

宮城県教委では、被害者保護の観点と、教員免許法では掲載の時期については明記していないために時期をずらしていたところ、不掲載は10人となった。取材に対し、担当者は「対応は適切だったと思う」としつつも、「再発防止にも

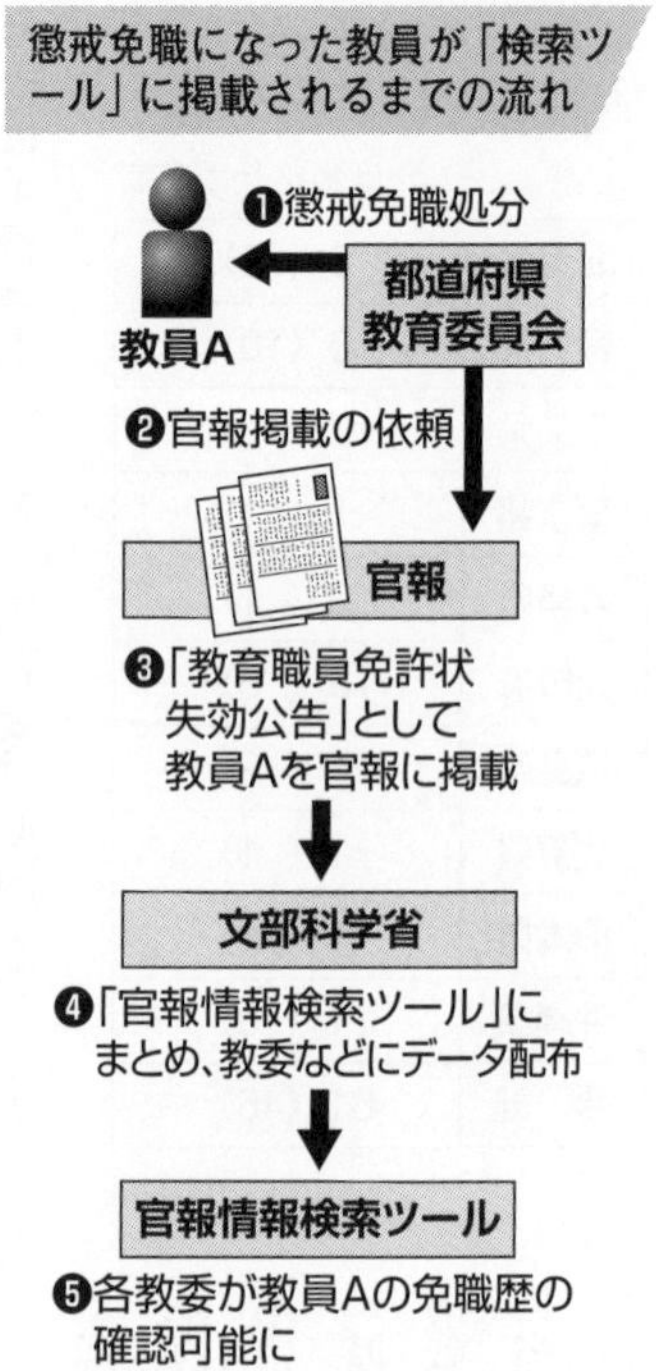

重点が置かれるようになり、文科省と相談して今後の対応を決めていきたい」と述べた。

文科省は「掲載漏れがあると処分歴が確認できない。法律上の手続きであり、速やかに掲載してほしい」と求めた。

中京大法務総合教育研究機構の柳本祐加子教授は、こう語る。

「教員の処分歴を官報で公告するのは、その教員が再び教壇に立とうとする際に採用側の判断材料とするためだ。地域により不掲載だったり、被害者保護を理由に掲載を遅らせたりすることは結果的に加害教員を守っていると受け取られかねない。法に基づき、すべての処分情報を掲載すべきだ」

※官報情報検索ツール

文科省が２０１８年度から運用を始めたツール。懲戒免職処分を受け、免許失効となった教員は、官報に氏名や免許状の種類・番号、失効年月日などが公告される。同省はこれらの掲載情報を独自に集約し、このツールを通じて都道府県教委に提供している。教員の採用時に、過去の免職処分歴を調べることができるようになっている。

個人情報などを理由に、過去の処分歴を他の教委に伝えないという教委もあることから、文科省は21年2月からは、過去40年分の免職歴について調べることができるようにシステムを拡充した。

国立大学法人でも

わいせつ行為などで免許が失効した教員が官報に掲載されていない問題では、国立大学法人東京学芸大の付属校の教員３人についても官報に不掲載だったことも明らかになった。

これまでの取材では、官報の掲載漏れは全国で61人いることが分かっており、取材班では21年1月、小中高校などの付属校を持つ全国の56国立大学法人を対象に、10～19年度の懲戒解雇の状況などについてアンケート調査を実施した。その結果、懲戒解雇された教員は6大学法人の計10人で、このうち、官報への不掲載は東京学芸大の付属校の教員3人だった。

大学法人によると、このうち2人については、当時、東京都教育委員会に懲戒解雇を通知したといい、「もう1人は通知の記録がなかった」（広報担当）という。都教委とやりとりをするなどして原因を調べる。

一方、萩生田文部科学相は21年3月5日の閣議後記者会見で、「これだけの社会問題になっているので、社会全体で子供たちを守っていく思いを共有しながら、ルール通りの対応を期待したい」と各教委に求めた。

（2）教え子じゃない

各地で異なる判断

児童生徒らにわいせつ行為をした教員の処分を巡り、懲戒免職にするかどうかで各地の教育委員会の判断には「差」があるのが現実だ。文部科学省は原則として懲戒免職とするよう通知しているが、「原則」の考え方は処分権限を持つ各教委に委ねられているからだ。「被害者が教え子じゃないから」という独自の解釈で免職ではなく停職としたり、キスでも教委によって処分が異なったりする事態が起きている。

女子中学生に上半身裸の動画を撮影、送信させたなどとして、横浜市立中学校の男性教員が児童買春・児童ポルノ禁止法違反容疑で逮捕され、罰金を命じられた。この教員について、市教委は2018年、停職12か月の懲戒処分とした。

文科省は04年以降、全国の教委に対し、「児童生徒に対するわいせつ行為は教員として絶対に許されない。原則懲戒免職とするなど厳正な処分を」などと繰り返し通知している。

しかし、横浜市教委は男性教員を懲戒免職としなかった。市教委の担当者は「被害者は他校の生徒で、本人の教え子ではない。教員の地位や立場を利用したわけではなく、『児童生徒』には当たらないと判断した」と説明する。

文科省の担当者は「児童生徒とは、自校か他校かは関係ない。基本的には子供へのわいせつ行為は懲戒免職としてほしい」としながらも、横浜市教委の判断については「処分は各教委の裁量で決めること。国には権限はない」と語る。


程度を考慮、日頃の勤務態度……


北海道教委は19年に中学の男性教員（48歳）と高校の男性教員（56歳）をそれぞれ懲戒免職とした。いずれも女子生徒と複数回キスをしたことが主な理由だった。中学の事例は教員も生徒も「好意を持っていた」と話したというが、道教委は「18歳未満への性的行為で、厳正に対処した」としている。

一方で、愛知県教委は19年、高校の男性教員（37歳）が女子生徒を抱きしめるなどしたほか、2回キスをしたとして停職3か月に。神奈川県教委も18年、中学の男性教員（27歳）が女子生徒に2回抱きつき、うち1回は唇にキスしたとして停職6か月とした。免職にしなかったことについて、神奈川県教委は「回数が少なく、事案の程度も考慮して停職とした」と説明する。

富山県教委は16年、県内の18歳未満の少女にわいせつな行為をしたとして、中学の男性教員（26歳）を停職6か月にした。男性教員は自宅で少女にキスなどをして県青少年健全育成条例違反の疑いで逮捕され、富山地検が不起訴（起訴猶予）にした。富山県教委によると、「本来なら懲戒免職のケース」だというが、卒業生らから男性教員を辞めさせないよう嘆願書が提出されたことや、日頃の勤務態度がまじめだったことなどから、停職にとどめたという。「行為は許されないが、総合的に判断した」と、教委の担当者は話す。

NPO法人「スクール・セクシュアル・ハラスメント防止全国ネットワーク」の亀井明子代表はこう語る。

「教え子かそうでないか、恋愛感情があるかないかは理由にならず、教委によって処分差が出るのは問題だ。文科省は全国の処分実態を調査し、キスは回数などにかかわらず免職相当とするなど、『例外』を排除する具体的な指針を示すべきだ」

18教委が「免職せず」

文科省は「わいせつ行為」について、強制性交や強制わいせつ、公然わいせつ、痴漢、のぞき、青少年保護条例違反、下着姿の撮影（隠し撮りを含む）、わいせつ目的で体に触ること――などと定義している。

読売新聞が全都道府県・政令市の計67教委に対して行った調査では、15～19年度の5年間にわいせつ・セクハラ行為で懲戒処分を受けた公立学校の教員は１０３０人で、さらに詳細を見てみると、セクハラを除くわいせつ行為で懲戒処分を受けたのは８１０人に上る。このうち６５０人が懲戒免職となった。

文科省は特に児童生徒らへのわいせつ行為を重く見ており、原則懲戒免職とするよう求めている。だが、調査では、67教委のうち18教委が「懲戒免職を見送ったことがある」と答えた。各教委は「悪質性が低く程度が軽微だった」ことなどを理由に挙げている。

文科省の担当者は「原則は懲戒免職という運用を徹底するよう各教委に求めていく」としている。

（3）通報できない

事件化を望まぬ保護者も

教員によるわいせつ行為が相次ぐ背景には、教育委員会や学校が警察に届け出ることを徹底できていないことがある。また、保護者側も聴取などによる子供への精神的な負担を懸念し、事件化を望まないという実情もある。

「教員によるわいせつ行為は絶対に許せない。だが、様々な事情があり、警察に届け出ることができなかった」

中部地方のある自治体の幹部は２０２１年、読売新聞の取材に対して、数年前、児童へのわいせつ行為の嫌疑がかかった教員について、自主退職を認めるまでの経緯を苦渋の表情で打ち明けた。

教委が自主退職を認めた最大の理由は、被害児童と教員の言い分が食い違うことだった。

関係者によると、ある小学校で、複数の児童から「先生に胸や尻を触られた」という訴えが相次いだ。教委の調べに対し、教員は体に触れたことは認めたが、「そういうつもりではなかった」とわいせつ目的については否定したという。

証拠がなく、言い分も異なるため、教委はこれ以上の調査はできないとして、保護者に警察への相談を促した。

これに対し、保護者の意見は様々だった。

警察に届け出るべきだとの声が上がる一方で、聴取される子供たちを心配する声もあった。議論は最終的に、「おおごとにはしたくないので警察には届け出ないが、教員を子供たちの前には立たせないでほしい」という考えでまとまり、その意向を学校側に伝えた。教委も警察に被害届を出すことを見送った。

保護者の一人は、「警察に届け出て事件化することで、被害児童が特定されるおそれや、警察の調べのなかで子供に精神的に負担がかかる『二次被害』を受けないかが心配だった」と複雑な胸中を明かした。

この教員は、否認を続けたが、年度途中で自主退職した。

教委幹部は「警察に届け出れば保護者の思いを踏みにじり、一緒に学校作りを進めてきた他の教員との信頼関係も崩れると思った」と振り返る。自治体の幹部も「我々は最善を尽くしたと思う」と、被害届を出さず、自主退職を認めた一連の対応を擁護した。

再採用の可能性

こうした措置には課題も残る。

教員は懲戒免職になった場合、3年間は免許を再取得できない。

一方、自主退職をすれば免許を失わないため、官報にも掲載されず、別の自治体で再採用されることも可能だ。今回の教員は取材時点では教職に戻っていないが、嫌疑がかかったまま別の学校で教壇に立つ可能性はある。

文科省はこうした事態を防ごうと、21年4月、犯罪に当たるものは漏れなく届け出て、判断に迷うケースでも弁護士などの第三者に相談しながら、対応を進めるという指針を全国の教委に通知した。

文科省としては、教委に対して警察への届け出を義務づけることはできないものの、厳正に対処するべきだと考え、通知を出した。

自主退職を認めた中部地方の自治体でも、児童生徒へのわいせつ行為などに関する対応策をまとめた。警察への通報についても触れられたものの、「被害者らと相談しながら」という一文が加えられた。

子供らの負担が減る「協同面接」

聴取による子供への精神的な負担を減らす方法として実施件数が増えているのが「協同面接（司法面接）」だ。

被害者支援に携わる公認心理師の斎藤梓氏は、協同面接について以下のように語る。

「双方の言い分が食い違うなどした場合、学校は捜査機関ではないため、事実を認定するのは非常に難しい。一方で、保護者は警察などに届け出ると、子供が聴取で嫌な思いをするのではないか、特定されてしまうのではないかなど多くの不安を抱える。そうしたなか、児童虐待など子供が被害に遭う事件で採り入れられているのが、児童相談所、検察、警察の3者が協力して面接する『協同面接』だ。専門の訓練を受けた担当者が一度に聴取を済ますため、子供や保護者の負担が少ない。警察への届け出を促すならば、こうした面接手法の体制拡充も進めていくべきだ」

児童相談所、警察、検察による協同面接（司法面接）の件数

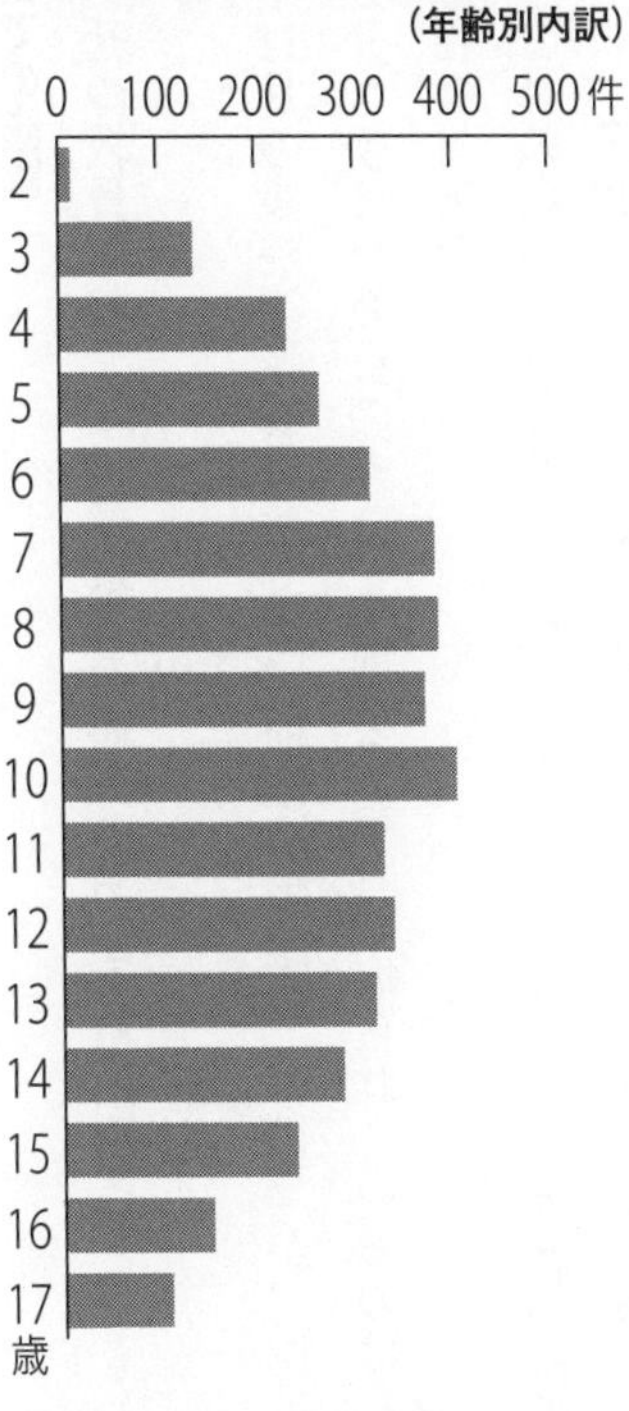

※2015〜19年度。児童虐待など子供が対象の事件。17年度以前は20歳未満が対象。法務省資料から

国会での議論

わいせつ教員問題では、警察への通報のあり方が国会などでもしばしば取り上げられている。

20年11月の衆院法務委員会では、稲田朋美議員（自民）が、18年度にわいせつ行為で懲戒処分を受けた教員のうち、「刑事手続きが取られているのはわずかだ」などと指摘し、厳正な対応を求めた。

21年2月の衆院予算委でも、萩生田文部科学相が「被害者が告訴しない場合でも（教委などが）告発する必要があり、犯罪に当たるか迷うような場合も警察機関と連携すべきだ」との考えを示した。

（4）28年前の「事案」

教委と教員相手取り提訴

ある女性は中学校時代の教員からわいせつ行為を受けたと訴え、実名で損害賠償を求める裁判を起こした。裁判を起こす前、女性は教育委員会に対して何度も被害を訴えたが、教員が行為を認めなかったなどの理由で、教委が処分をくだすことはなかった。

「先生は正しいことを指導してくれ、良いことを教えてくれる存在。疑う発想すらなかった」

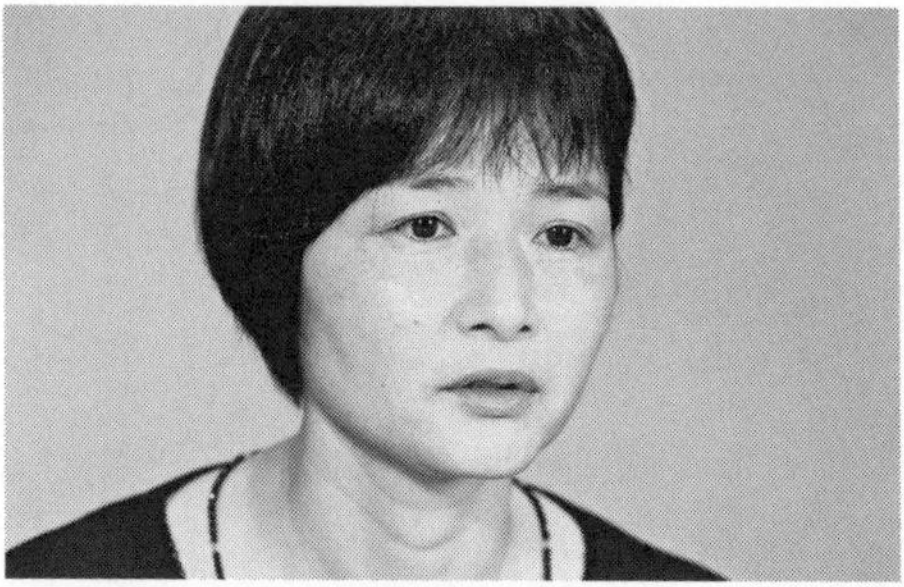

「大人になり、自分は被害者だと気付いた」と語る石田さん（2020年9月）

２０２０年9月の取材時、東京都在住、写真家の石田郁子さん（43歳）は、中学校時代の記憶を少しずつ振り返った。北海道の市立中学校で、担任以外の男性教員からキスをされた。卒業後も呼び出され、わいせつな行為を受け、関係は約5年に及んだという。

人生経験を重ねるなかで、「自分は性被害を受けていたのでは」と思うようになった。心的外傷後ストレス障害（ＰＴＳＤ）を発症したが、16年、「自分と同じような思いをする人を生みたくない」として、教委に当時の調査を求めた。教委は教員にも話を聞いたが、教員は一貫して否認し、処分されなかった。

19年2月、教委と男性教員を相手取り、この教員から性被害を受け続け、PTSDを発症したなどとして約3000万円の損害賠償を求めて提訴した。同年8月、20年で賠償請求権が消滅する「除斥《じょせき》期間」が経過しているとして敗訴した。その時点までに、教委側は「教員には3回話を聞いた。申し出にあるような事実認定には至らなかった」と主張していた。

法務省は20年3月、「性犯罪に関する刑事法検討会」を発足させ、石田さんは7月に開かれたその第3回検討会に出席。そこで、「被害時とその直後は教員を疑う発想はなかった。長期化すると、マインドコントロールのような状態だった」と当時の状況を述べた。

石田さんは「学校は安心安全が守られるはずの場所。被害を受けても、子供は声を上げにくい。わいせつ教員を許さない、そういう行為は許されないという仕組みが必要なんです」と話した。

行為の事実を認定

その後、石田さんの民事訴訟の審理は東京高裁に移った。

20年12月15日、控訴審判決で東京高裁の後藤博裁判長は、1審・東京地裁判決を支持し、石田さん側の控訴を棄却した。訴訟で石田さんは、性的行為を受けた当時やその後長らくは行為の意味を理解できず、16年にＰＴＳＤを発症するまで被害を認識できなかったとして、不法行為から20年で賠償請求権が消滅する「除斥期間」は経過していないと主張。だが控訴審判決は、除斥期間は過ぎているとして石田さんの請求を退けた。一方で判決は、石田さんが北海道の市立中学卒業前から高校時代にかけ、男性教員からキスされたり、性的な行為をされたりした事実があったと認定した。

判決後、石田さんは「1審では認められなかった中学、高校時代の性的行為が事実として認められたことはよかった。市教委には今からでも行政処分を求めたい」と話した。

懲戒免職を経て

判決を受けて事態は動き出した。

札幌市教委は21年1月、市立中学校に勤務する男性教員を懲戒免職とした。石田さんが起こした民事訴訟で東京高裁が性的被害を認定する判決を出したことを受け、市教委が調査していた。市教委は「司法判断を重くみた」として、28年前のわいせつ行為を認定した。

市教委の発表によると、教員は1993〜94年、教え子だった石田さんに対し、自宅でキスをしたり、校内で体を触ったりした。

市教委は過去の調査では「被害の事実を確認できない」としていたが、高裁判決を受けて教員から聞き取りを行うなど再調査を実施。教員は改めてわいせつ行為を否定したが、市教委は判決の認定を覆すに至らないと判断した。

紺野宏子・教職員担当部長は記者会見で、「(懲戒処分に)時効というものはない」と述べた。

教員の代理人弁護士は、「訴訟は性的行為の有無ではなく除斥期間を争っていた。判決は懲戒処分の根拠にならない」とコメントし、市人事委員会に不服を申し立てる方針を明らかにした。

石田さん（右）に謝罪する札幌市教委幹部（2021年2月10日）

石田さんは「ショックが大きいほど、被害を受けたと気付くには時間がかかる。被害者が声をあげられるように社会が変わってほしい」と話した。

２０１６年に把握も……

「当時は慎重に調査を行ったが、事実認定には至らずに大変申し訳ありません」。２０２１年１月28日、札幌市教委が教員を懲戒免職処分にし、記者会見の席上、紺野部長は何度も謝罪した。

同市教委は、16年に石田さんから、わいせつ被害の申告を受け、３回にわたり教員から事情を聴いた。だが、教員が否定し処分はできなかった。

その際、石田さんが「証拠」として提出したのはある「録音記録」だ。石田さんと教員が15年12月、居酒屋で会食した際、教員はわいせつ行為を認める発言をした。石田さんはこれを録音。19年2月には、東京地裁に札幌市と教員を相手取り、損害賠償請求訴訟を起こすが、その際にも証拠として提出した。

真実性を強調し

「石田さんが精神的に不安定で、その場を逃れるために認めるふりをした」——。教員側は札幌市教委の調査にそう主張していた。

そこで、控訴審では、石田さん側の代理人を務めた小竹広子、河辺優子両弁護士が「録音記録の証拠を補強しよう」と、居酒屋で会うまでのメールのやり取り、居酒屋でのにこやかな教員の写真も新たに提出し、その真実性を強調した。小竹弁護士は「この証拠で教員が強制されて話したわけではないことを理解してもらえたのでは」と話す。

教員側は訴訟上は勝訴しており、上告できないために高裁判決は確定。わいせつ行為の認定に反論できなかった。

免職となった理由は

高裁判決の確定後、札幌市教委は調査を再開したが、教員の代理人弁護士はわいせつ行為について反論。「(高裁の認定した中学卒業の直前から約1年半は）多忙で石田さんと会える状況ではなかった」などと主張し、裏付けとする同僚の証言や写真も提出した。

だが、「高裁判決を覆す内容はなかった」(同市教委幹部）として教員は懲戒免職となり、退職金も支払われないことになった。居酒屋での録音記録について、代理人弁護士は「地裁・高裁ともに、録音内容の信用性についての判断や評価をしていない」と説明している。

同市教委が今回免職としたのはなぜか。市教委幹部は「本人が認めない場合、市教委では強い対応は難しい。高裁が事実を認定し、処分することができた」と話す。

市教委は19年、道条例に反するわいせつ行為は原則、懲戒免職とする規定を設けた。ただし、担当者は「今の基準を過去に遡って当てはめているわけではない。行政処分に時効はない」と説明している。

教員の懲戒免職を巡る経緯

1993年3月～94年8月	中学卒業前から高校時代にかけて、教員からキスされたり、性的な行為をされたりした（石田さんの申告）◎
2001年	石田さんが札幌市教委に教員との関係について相談。市教委は性被害の事案として取り扱わず「当時の記録がない」とする
15年12月	教員と石田さんが札幌市内の居酒屋で会う。当時の「わいせつ行為」について会話を交わす
16年2月	石田さんが同市教委に教員の懲戒処分を求めて被害を申告
3月～12月	同市教委が教員に3回聞き取り調査。教員は否定し、市教委は処分を見送る
19年2月	石田さんが札幌市と教員に対し、損害賠償を求めて東京地裁に提訴
8月	東京地裁が除斥期間を理由に石田さんの訴えを棄却。石田さんは翌月、東京高裁に控訴
20年12月	東京高裁が石田さんの訴えを棄却。15年12月の居酒屋での会話などをもとにわいせつ行為を事実認定（◎の部分）。その後、判決は確定
21年1月7日～	同市教委が教員を再調査。教員は否定
28日	同市教委が教員を懲戒免職処分

※札幌市教委の記者会見や損害賠償請求訴訟の判決などに基づく

不服を唱え争うケースも

過去に教員からわいせつ行為を受けた生徒が大人になって被害を申告し、教委が懲戒処分を行う事例は近年、相次いでいる。

山口県教委は20年12月、約7年前の元教え子へのわいせつ行為で公立中学校の男性教員を懲戒免職とした。元教え子の女性から3か月前の10月、県教委に連絡があったという。

兵庫県教委も20年12月、15年前の女子生徒への行為で県立高校の男性教員を懲戒免職とした。教委によると、被害女性が「教員によるわいせつ事案のニュースをみて、被害がこれ以上出ないようにと思った」とメールで連絡してきたという。

ただ、過去の行為で処分された教員が不服を唱えて争うケースもある。

福島県では、20年以上前の行為で懲戒免職となった元男性教員が処分取り消しを求めて提訴し、16年6月の1審・福島地裁判決は「行為から長期間が経過しており、懲戒免職は重すぎる」と判断。だが2審・仙台高裁は時の経過を考慮しても悪質性があるとして懲戒免職は適法と判断。最高裁で教員の上告が棄却され、懲戒免職は覆らなかった。

懲戒などの行政処分に時効がないことについて、行政関係事件専門弁護士ネットワークの斎藤浩・代表理事は「行政は国民の生活や安全などの公益を守るためにある。いつまでたっても正しいことが求められるので、時の経過は関係ない」と説明する。

ただ、今回の札幌市教委の対応については、「市教委は過去に一度調査をした上で、『教員を処分しない』と決定している。その決定を覆すには社会常識からみて納得できる説明が必要で、市教委はどんな理由で判断を変えたのかを明示すべきだ。単に高裁の認定だけで方針を変えたのであれば、裁量権の乱用に当たる可能性もある」と指摘した。

甲南大法科大学院の園田寿教授（刑法）は「わいせつの事実が認定されたというだけでも十分に制裁的な意味はある。刑事事件では、社会的制裁が十分であれば執行猶予がつく。今回のケースは、20年以上が経過し、その間教員として問題がなかったのなら、行政処分であっても時の経過を重く見るべきだろう」と話している。

（5）「自主退職」という実情

私立での懲戒解雇事例

全国の私立学校で2017～19年度の3年間に懲戒解雇された教員は計37人に上ることが、文部科学省が初めて私学を対象に実施した実態調査で明らかになった。私学は学校法人などが運営し、教員が逮捕されるようなわいせつ事案では、公立とは異なり、自主退職する事例も散見される。

わいせつ行為で処分される公立学校の教員が相次いでいることを受け、文科省が私学の懲戒解雇の状況などを都道府県に尋ねた。私学は児童生徒が約130万人、在籍する教員は約8万人。公立学校とともに学校教育の根幹となっている。

調査の結果、私学の懲戒解雇は17年度14人、18年度8人、19年度15人。このうち、わいせつ・セクハラ行為は27人だった。毎年公表されている公立学校の懲戒免職は3年間で計637人。わいせつ・セクハラ行為での免職は436人だ。

不祥事を起こした場合、公立の教員は地方公務員法に基づく懲戒処分になる。これに対し、私学の場合は学校法人が就業規則に基づき処分を決める。

民法では、従業員は退職届の提出から2週間で退職になると定めている。そのため、私学の教員は警察が捜査をしていても、退職がそのまま認められる。公立の教員は、嫌疑の段階で懲戒手続きが始まり、自主退職は運用上、認められていない。文科省の担当者は「公務員の場合、採用も退職も行政行為になる。仮に退職願が出てきても、認めるかどうかは教育委員会の判断だ」とする。

懲戒免職・解雇になると教員免許は失効するが、自主退職では失効せず、別の学校で教壇に立つことも可能だ。ただし、禁錮刑以上に処せられると、免許は失効する。

私学のコンプライアンスに詳しい日本女子大の坂田仰教授（教育制度論）は、こう語る。

「私立は教員の不祥事が生徒募集に直結するため、穏便に処理されるケースが多い。解雇に相当する行為をしている人数はもっと多く、調査で得られた数字は氷山の一角だろう。公立私立を問わず、わいせつ行為をした教員は原則、懲戒免職・解雇とすることを徹底し、教員免許を取り上げるべきだ」

逮捕前の退職届

「事案を把握した後、教員には自宅待機を命じていた。すると、本人から退職届が出たので受理した」

大阪府の私立中高一貫校の関係者は21年1月、同校の教員の男が逮捕された際、「元教員」だった理由について淡々と説明した。

学校側が事案を把握したのは19年10月。中学校の修学旅行先で、男子生徒がわいせつな行為をされたとして保護者が学校に届け出た。学校はすぐにこの教員を自宅待機させた。

警察の捜査の過程で、教員が複数の生徒を自宅に呼び出し、金などを渡してわいせつな行為をし、裸の撮影を行っていたことも判明した。

警察が関係者から慎重に事情を聞いていたところ、教員は20年12月、退職届を学校に提出。学校側は「苦渋の決断」（学校関係者）としながらも退職の手続きを取った。

大阪府の私立中高一貫校の教員逮捕までの経緯

2019年10月中旬	修学旅行先のホテルで教員が男子生徒の体を触る
10月下旬	被害生徒の保護者が学校に相談。学校側が教員に自宅待機を命令。警察が捜査を開始
20年12月	教員が退職届を提出、学校側が受理
21年1月～	強制わいせつ容疑などで元教員を逮捕、起訴。児童買春・児童ポルノ禁止法違反容疑で再逮捕

約1か月後の21年1月、肩書上は元教員となった男は、修学旅行先で教え子の男子生徒に睡眠導入剤が入った飲み物を飲ませ、体を触ったとして、強制わいせつ容疑などで逮捕、起訴された。

自主退職の事例は各地で散見される。

東京都内の私立女子高校の非常勤講師は19年2月、東京都内のホテルで女子高生（16歳）に現金3万円を渡してみだらな行為をしたとして、警視庁に児童買春・ポルノ禁止法違反（児童買春）容疑で逮捕されたが、逮捕前に依願退職した。学校関係者は「本人から『学校に迷惑をかけた。大変申し訳ない』と申し出があり、受理した。判断する余地もなかった」と説明する。

愛知県内の私立高校でも、監督を務めていた柔道部の女子部員2人への強制わいせつ罪で13年に有罪判決を受けた男性教員は、事件発覚後に依願退職していた。

全国の私学団体が加盟する日本私立中学高等学校連合会（東京）は「私立では、各学校法人が独自の方針に基づき、教員の採用や処分などを実施しており、公立の判断とは異なる。私立学校法には『私立学校の自主性』が明記されており、それに基づけば、教員をどのように処分するかは各学校法人の判断となる」と説明している。

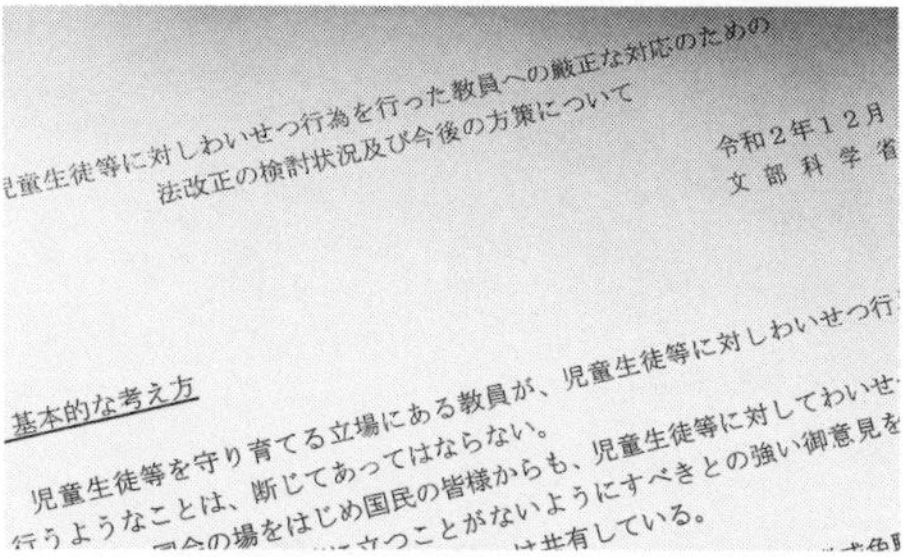
児童生徒等に対しわいせつ行為を行った教員への厳正な対応のための
法改正の検討状況及び今後の方策について

令和２年１２月
文部科学省

基本的な考え方

児童生徒等を守り育てる立場にある教員が、児童生徒等に対しわいせつ行
行うようなことは、断じてあってはならない。
国会の場をはじめ国民の皆様からも、児童生徒等に対してわいせ
つことがないようにすべきとの強い御意見を
は共有している。

わいせつ教員問題対策を検討している文科省の文書

※民法627条

私学が自主退職を認めているのは、民法627条に明記されている以下の内容に基づくものだ。

（期間の定めのない雇用の解約の申入れ）

当事者が雇用の期間を定めなかったときは、各当事者は、いつでも解約の申入れをすることができる。この場合において、雇用は、解約の申入れの日から二週間を経過することによって終了する。

第五章　新法成立

わいせつ行為で処分される教員は高止まりし、被害を受ける子供への深刻な影響も懸念されるなか、文部科学省は教員免許法を改正し、わいせつ教員を排除することが可能かどうか検討した。だが、刑法では刑の終了後、10年たてば刑は消滅するとしている点との整合性などから、２０２０年12月末に法改正を断念した。

これ以降、国会議員の有志たちがワーキングチームを作り、様々な課題を乗り越えて「わいせつ教員対策新法」の成立にこぎ着けた。議員たちはどのようなアプローチで「壁」を乗り越えたのだろうか。

（1）議員立法へ

ワーキングチームの発足

文部科学省は教員免許が失効しても、3年たてば再取得できる現行の教員免許法の改正案を検討したが、２０２０年12月25日、翌年の通常国会への提出は断念することを決めた。萩生田文科相は、「忸怩たる思いがあるが、この問題には引き続き取り組んでいく」と述べた。

増え続けるわいせつ教員問題に、効果的な施策を講じようと、文科省に検討チームが設けられたのは20年1月だった。

教員免許法の改正について、内閣法制局と協議を重ねてきたが、刑法では、禁錮以上の刑は終了後10年で消滅することに加え、憲法で定められた「職業選択の自由」との兼ね合いもあり、「わいせつ教員の永久追放は難しいとなった」（文科省幹部）。

文科省の法改正断念の知らせを聞き、機敏に対応したのが国会議員たちだった。有志

わいせつ教員排除を話し合う与党ワーキングチームであいさつする自民党の馳浩元文部科学相（奥右）と公明党の浮島智子文部科学部会長（同左、2021年３月１日）／大石健登撮影

が問題を解決しようと動き出し、議員が自ら法律を立案する「議員立法」で、わいせつ教員を現場から排除するための検討を始めた。

自民、公明両党は21年３月１日、児童生徒らにわいせつ行為を行った教員を学校現場から排除するための議員立法を検討するワーキングチーム（以下、ＷＴ）の初会合を国会内で開いた。

ＷＴは文部科学行政や法務行政に詳しい両党の国会議員21人がメンバーで、自民党の馳浩元文科相、公明党の浮島智子文科部会長が共同座長を務めた。

教員免許法について、政府は、わいせつ教員対策として無期限で再取得を不可能にすることを検討したが、職業選択の自由など個人の権利を制限することにつながるとして断念した。

このため、WTは教員免許法の改正ではなく、わいせつ教員が教壇に戻ることを防ぐ新法の制定を検討することにした。

新法に加え、教員採用時に性犯罪を起こしていないかどうかを照会する制度の導入も検討することにした。

議員立法で目指すものとは

「信頼している教員からわいせつ行為をされた子供たちは一生傷つく。今もそういう子供たちはいる」

WTの共同座長を務める公明党の浮島智子文部科学部会長は、3月1日に開かれた初会合のあいさつでこう力を込めた。

教員による児童生徒らへのわいせつ行為は教育現場の長年の懸案だ。メンバーには文科相経験者や法相経験者らが名を連ね、共同座長で自民党の馳浩元文科相は「我々は勉強会ではない。立法チームだ」と意欲を示した。

WTでの検討を機に、議論は活発になった。国民民主党の玉木代表はこれに先立つ2月25日の記者会見で「問題が顕在化しており、立法的な対応は不可欠だ」と述べた。

立憲民主党の党内議論は具体化していなかったが、枝野代表は、読売新聞の取材に「一定程度の規制は必要だが、教員だけ狙い撃ちするのは変だ」と答えた。幹部の一人も「わいせつ教員は許せないが、法制化は慎重な検討が必要だ」とした。

教員免許法改正を巡る課題

現行の教員免許法
懲戒免職処分を受けた教員は免許失効となるが、**3年たてば再取得**できる
文科省が検討した改正案
わいせつ教員について**再取得を無期限で認めない**案を検討
改正案の課題
・刑法では禁錮以上の刑は終了後10年で消滅する ・他の資格の失効期間より著しく厳しい ・憲法で定められた「職業選択の自由」との兼ね合い

WTは教員免許法の改正ではなく、新法の制定を念頭に議論を始めた。大きな理由としては、免許法そのものの改正には三つの「壁」があるからだった。

一つ目は、刑法との整合性だ。刑法では禁錮以上の刑を終え、そこから10年たてば刑そのものが消滅すると定められており、萩生田文科相は「（永久排除は）法制的に採ることができなかった」と説明してきた。

二つ目は、他の資格との公平性という観点だ。教員免許法では3年たてば免許を再取得できると定めている。保育士は登録取り消しから2年、弁護士は除名処分から3年などで、「教員免許だけ無期限に延ばすことは難しかった」（文科省幹部）。三つ目は、わいせつ教員を現場から永久に排除することは、憲法で定められた「職業選択の自由」に抵触するとの考えがある点だ。

学校現場での議員立法を巡っては、13年施行のいじめ防止対策推進法がある。悪質ないじめを「重大事態」と定義し、教育委員会などに調査を義務づけた。WTでは、こうした事例も参考に理念も含めて議論を深めていった。

わいせつ教員を二度と立たせない

わいせつ教員問題は、3月1日の衆院予算委員会でも取り上げられた。日本維新の会の遠藤敬氏の質問に対し、萩生田文科相は「法案提出の先送りで間違ったメッセージが出ているとすれば否定したい。諦めたわけでも何でもない。わいせつ教員を二度と立たせない思いで制度を作っていきたい」と強調した。

文科省としては、様々な対策を講じてきた。20年12月には、児童生徒らへのわいせつ行為について、原則、懲戒免職にするとともに、警察に告発することを各教委にあらためて要請。翌年2月には、教員免許が失効した教員名を確認できる「官報情報検索ツール」の対象期間を過去40年分へと大幅に拡充した。

文科省幹部は「できる対策は講じてきている。だが、議員立法ならば、我々では難しかった『壁』を越えられるかもしれない」と話した。

(2)「壁」乗り越える

対策新法、成立へ

教員らによる児童生徒へのわいせつ行為を防止する対策新法の名称は「教員による児

与野党議員の全員が起立し、「わいせつ教員対策新法」が可決された衆院文部科学委員会（2021年5月21日午後、国会で）／源幸正倫撮影

童生徒性暴力防止法」となり、衆院文部科学委員会は2021年5月21日、委員長提案として衆院に提出することを全会一致で決めた。法案には、わいせつ行為で懲戒免職となった教員への免許の再交付について、都道府県教育委員会が可否を判断できるようにすることなどが盛り込まれた。

自民、公明両党の与党WTが21年3月から新法の検討を始め、その後、立憲民主党などの野党も趣旨に賛同。超党派での議員立法として提案された。

法案では、性暴力による教員免許失効者への再交付について、各教委が専門家らによる「教員免許再授与審査会」の意見を聞くことを明記した。

本人の更生状況などを見極めて、教委に再交付を拒否できる「裁量権」を与え、再び教壇に立つことを防ぐことが可能な仕組みを取り入れた。児童生徒らへのわいせつ行為を「児童生徒性暴力」と定義し、生涯にわたって心身に重大な影響を与えることも盛り込まれた。

付則として、子供と接する職業に就く場合、過去に児童生徒らに性的な被害を与えたかどうかを照会できる制度を検討することも明記された。また、衆院文科委員会では、嫌疑がかかった教員を依願退職させないことなど14項目を国に求めていくことも決議した。

今後、文科省は性暴力防止のための基本指針を策定する。免許失効者についての全国共通のデータベースの整備も進める。

※新法のポイント

- 法律名を「教員による児童生徒性暴力防止法」とし、守るべき対象は幼児から高校生とする
- 各教委が「教員免許再授与審査会」の意見を聞き、教員免許の再交付を判断できる
- 性暴力による教員免許失効者のデータベースを国が整備する

・疑いがある時は専門家と調査し、犯罪と思慮される事案は警察へ告発する
＊付則として、子供に接する職業に就く者の性犯罪歴を照会する制度の検討を盛り込む

危機感の共有が鍵だった

与党WTが検討を進め、超党派の議員立法として提案された「教員による児童生徒性暴力防止法」。与野党の各議員が、わいせつ行為などで処分される教員数の高止まりに強い危機感を持ったことが、「成立」に向けての推進力になった。

「委員会提出の法律案とすることを起立総員によって決しました」。5月21日の衆院文科委員会で、左藤章委員長（自民）がそう告げると、拍手がわき起こった。

わいせつ教員問題は教育現場における長年の懸案事項だった。

文科省では、わいせつ教員が二度と教壇に戻ることがないよう、法改正で対応しようと検討した。しかし、刑法は禁錮以上の刑の終了後、10年たてば刑は消滅すると定めており、わいせつ教員の一律排除はこの考えと相反するため、法的な「壁」になっていた。文科省も法改正を見送らざるを得ず、萩生田文科相は20年12月、「乗り越えられない法

制上の課題がある」と語っていた。

その間にも、わいせつ行為で教員が処分される事案が各地で相次いだ。自民、公明の与党有志は「これ以上は看過できない。議員立法で『壁』を乗り越えよう」と、WTを発足させた。21年3月1日以降、ほぼ毎週、有識者を招き、問題点を徹底的に洗い出した。さらに衆院法制局とともに条文案の検討を進めた。

導き出したアイデアは、各教委に、わいせつ行為で懲戒免職となった教員に、免許を再交付しないことも可能とする裁量権を与えることだった。各教委が新たに設ける「教員免許再授与審査会」の意見を聞き、更生状況などから判断し、一律排除ではない形で「壁」を乗り越える仕組みを作り上げた。

与党WTでは野党にも新法の趣旨を説明し、水面下で折衝を繰り返し、賛同を得た上で委員会に共同で提案した。

委員会の冒頭、法案の趣旨説明に立ったWTの浮島智子共同座長（公明）は「教員による性暴力は、児童生徒に生涯にわたって回復しがたい心理的外傷などの影響を与える。決して許されるものではない」と言葉に力を込めた。

委員会後、立憲民主党の牧義夫氏も「子供を守ることに与党も野党も関係ない。お互いに検討してきたことをすりあわせ、委員長提案という形での法案提出になった」と語った。

議員立法は、社会的に大きな課題に迅速に対応することに主眼を置き、施行後の見直しなども念頭に「スピード」を意識した立法が一般的だ。

立法の過程に詳しく、法制局に関する著書もある明治大学の西川伸一教授（政治学）は「衆院法制局の補佐により、今回のわいせつ教員問題では文科省の視点で出てこなかったアイデアを実現することにこぎ着けた。国民の政策ニーズに基づき、法制化を迅速に行う議員立法の長所が出た」と述べた。

「基本指針」の策定へ

新法の制度設計上の課題となるのが、わいせつ行為をした教員への免許再交付の可否を判断する基準作りだ。

新法では、教員から再交付の申請を受けた都道府県教委は、「教員免許再授与審査会」の意見を聞くこととしている。

これについて、与党WTの議員は、その際の判断基準として、「加害行為の重大性、更生の度合い、被害者や関係者の心情などを総合的に判断し、再交付の可否を決めることになる」とする。

教員免許再交付の流れ

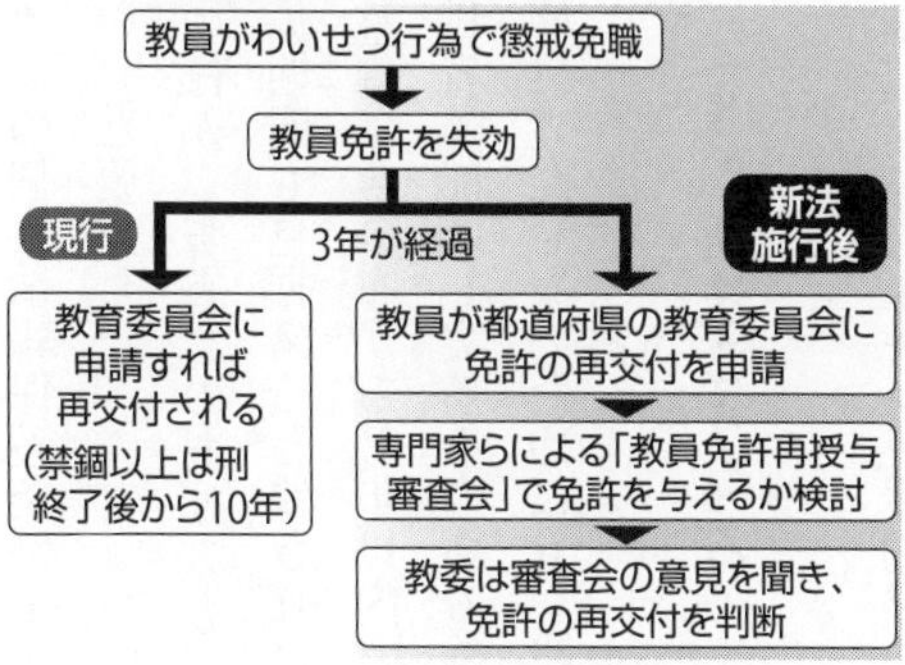
教員がわいせつ行為で懲戒免職
教員免許を失効
3年が経過
現行
教育委員会に申請すれば再交付される（禁錮以上は刑終了後から10年）
新法施行後
教員が都道府県の教育委員会に免許の再交付を申請
専門家らによる「教員免許再授与審査会」で免許を与えるか検討
教委は審査会の意見を聞き、免許の再交付を判断

文科省でも、「教委によってその判断に差が出ないよう、分かりやすいポイントを指針などにまとめて示したい」としている。

また、免職処分となった教員が免許の再交付を求める際、処分した教委と別の教委に申請することも想定される。そのため、新法では、元の教委に教員に関する情報を求めることができるとした。

だが、犯罪歴など機微に触れる個人情報も含まれることが想定されるため、首都圏の教委担当者は「自治体ごとの判断にばらつきが出るおそれもある。

各自治体の個人情報保護条例をクリアできるような仕組みや、統一の基準を作ってもらいたい」と要望した。

このほか、審査会のあり方も、「公布から1年以内」に示すとされており、教委などの準備期間も見据えると残された時間は多くはない。ほかにも、全国共通のデータベースの整備は「公布から2年以内」とされた。

文科省幹部は「実効性のある施策に落とし込む作業を進めたい。わいせつ教員を二度と教壇に立たせないためにも、我々もスピード感を持って尽力する」と話した。

(3) 新法こう見る——識者の声

「教員による児童生徒性暴力防止法」が、2021年5月28日、参院本会議で全会一致により可決、成立した。自民、公明両党の与党WTが検討を進め、野党の賛同を得て、超党派の議員立法として提案された新法。その意義や課題について、WTで中心となってきた国会議員、性暴力被害者団体の代表、刑事法の専門家に話を聞いた。(※肩書、

経歴は21年6月紙面掲載時点）

党派超え「子供を守ろう」

【与党WT共同座長　浮島智子氏】

この問題の深刻さを知ったのは、3年半ほど前、地方議員の紹介で、特別支援学校に通う小学4年の娘をもつ母親から話を聞いたことがきっかけだった。

母親が娘さんと会話していたところ、娘がニコニコしながら、「今日もね、先生にお洋服を脱げと言われたの。洋服を脱いだら、先生が優しく見てくれたの」と話したという。それを聞いた母親は、寝込むほどのショックを受けたそうだ。

教員によるわいせつ行為はあまり知られていない。安心・安全なはずの学校で、子供がわいせつ被害に遭うとは考えられず、子供が被害を認識しなければ実態は浮かび上がらない。「これは氷山の一角かもしれない。この問題に取り組まなくては」と考えた。

中でも、わいせつ行為をした教員が懲戒免職となり、教員免許を失効しても、3年が経過すれば免許を再取得できると知り、強い疑問を持った。この問題について私自身も

「教員による児童生徒性暴力防止法」が全会一致で可決、成立した参院本会議（2021年5月28日、国会で）／三浦邦彦撮影

国会でこれまで5回質問し、池田佳隆衆院議員（自民）の質問には、萩生田文部科学相は教員免許法の改正に前向きな姿勢を示した。

だが、20年12月25日、萩生田氏は記者会見で「法制上乗り越えられない課題がある」と語り、法改正を見送った。会見を視聴していたが、自分の耳を疑った。悔しさと怒りがこみ上げ、「だったら私たち議員でやるしかない」と決意を固めた。

21年の年明けから新法に向けた勉強を始め、2月下旬に馳浩・元文科相（自民）に与党でWTを作りたいと相談したところ、快諾の返事をもらった。3月1日にWTを発足させてからは、毎週1回会合を開き、関係者へのヒアリングを重ねた。

新法では、教員免許の再取得について、教育委員会が可否を判断できる「裁量的拒絶権」を付与するとした。そのアイデアは、ある議員から「医師免許の再取得にあたり、処分庁に裁量権がある医師法を調べてみては」と提案されたものだ。子供への性暴力をした者は、再度、同様の行為をする可能性が高いという指摘も踏まえ、様々な角度から検討した結果だった。

WT発足から89日という短い期間で法案が成立したのは、与野党関係なく、皆が「子供たちをわいせつ教員から守ろう」という気持ちがあったからだ。

新法はまだスタートラインに立ったにすぎず、免許再交付の可否の判断基準など運用面の精査が必要だ。このほか、学校以外の場で子供たちを性暴力から守る方策を検討するチームを公明党内に設けた。これについても与野党の議員全体で問題意識を共有しながら、議論を進めていきたい。

（うきしま・ともこ　公明党文部科学部会長。２００４年の参院選で初当選。12年から衆院で当選４回。文科政務官、副大臣を歴任し、教育行政に携わる）

更生への道を閉ざす恐れも

【甲南大名誉教授　園田寿氏】

「制度を変えよう」という新法の基本的な方向性には反対しない。懲戒免職処分で教員免許を失効した者に、3年後に無条件で免許を再交付する現行制度を見直し、各教育委員会に再交付の可否を判断する裁量権を認めた点は評価できる。ただ、新法は「性犯罪をした教員を二度と教壇に立たせない」という排除一辺倒の考え方に基づいており、課題が多いと感じる。

特に、新法で整備するとした、わいせつ行為による免許失効者のデータベース（DB）化は問題だ。事実上のブラックリストであり、新法には、DBに氏名などを掲載する期間や削除の規定がない。一度過ちを犯し、DBに名前が載ると、刑法の原則を超え、永久に排除される恐れがある。

現在の刑罰制度の根底には、犯罪行為に対し、肉体的、精神的な苦痛を与え、清算する「応報」の考えがあり、更生を目的に組み立てられている。そのため、刑を終えて一定の時間が経過すれば、刑が消滅する「前科抹消制度」がある。更生の障害とならないよう、前科が消えるのだ。

今回、ブラックリスト方式がそのまま採用されれば、更生の機会を与える社会の基本を根本的に変えてしまう。妥当とは言えないだろう。

ほかにも、「児童生徒性暴力」の定義が不明確で対象の行為が曖昧だ。「わいせつな行為」や「著しく羞恥させる」という行為は何を指すのか明確でない。例えば、教員が授業中にいやらしい冗談を言い、児童が「すごく恥ずかしい」と思ったら該当するのか。誰が「該当する」と判断するのか。強制性交や強制わいせつなど刑法の罪から、犯罪ではない行為まで、軽重を無視して一律に登録するのかなど、検討すべき課題も多い。

DBの情報漏洩《ろうえい》、不正利用に関する処罰規定がない点も気になる。公務員は、職務上知りえた秘密を漏洩すると、守秘義務違反の罪に問われる。しかし、私立学校の関係者が予備校に漏洩しても、罰則はない。情報が外部に漏れれば、本人だけでなく家族や親戚などにも害が及ぶ可能性がある。処罰規定は不可欠だ。

そこで、ホワイトリスト方式の導入を提唱したい。教員免許を持つ全教員のリストを作成し、そこから懲戒免職になり、教員免許を失効した者のデータを削除するやり方だ。

各教委は、教員免許再交付を申請した者の氏名がホワイトリストになければ、個別に調査し、更生したかどうかなどを丁寧に審査して、免許を再交付するか判断すれば良い。ブラックリスト方式より、各教委の裁量権もしっかり生かされる。文部科学省にはぜひとも検討してもらいたい。

（そのだ・ひさし　弁護士、元関西大学法学部教授。専門は刑事法。著書に『情報社会と刑法』『改正児童ポルノ禁止法を考える』など）

泣き寝入りを防ぐ契機に

【性暴力被害者らでつくる団体「スプリング」代表理事　山本潤氏】

「教える側」の教員と「教わる側」の児童生徒の関係は対等ではない。恋愛だと思い込まされ、被害に気付きにくくなるケースもあるが、権力性のあるなかでの行為は「性暴力」だ。新法の制定は、こうした認識を社会に広める面でも意義がある。

学校での性暴力は長年、見て見ぬふりをされてきた問題だ。学校側が「あってはならないこと」と捉え、「もし起きたら」と考えず、被害者への支援、加害者への対応など統一した基準や対応策が整備されてこなかった。そのため、被害者が泣き寝入りをしてきたと感じている。

信頼する相手からの性暴力は、子供にとてつもないトラウマを与える。何が安全なのかが分からなくなり、生きていく足がかりを失い、成長に欠かせない自分を尊ぶ気持ちもなくしてしまう。記憶や体験が分断される「解離」が起こり、無意識のうちに被害感情を抑え、それを言葉にしようとすると体が固まってしまう。日々の生活面でも、身なりに気を配らなくなるなどの様々な症状が出る。

私自身も父親から性暴力を受け、その被害を公にするのに23年かかった。被害を言葉にすることはものすごく時間がかかる。長期間、苦しめないためにも、被害者が出す「サイン」に専門家以外の教員や家族も気づいてあげることが大切だ。

被害者支援の関連で２０１８年に英国を視察した。その際、現地の小学校を訪れ、教員には毎年、性暴力を含めた研修があると聞いた。スクールソーシャルワーカーが関係機関と連携して被害に遭った子供を支援につなげるなど、見習うべき点が多かった。日本にもスクールソーシャルワーカーはいるが、人数が足りず、必ずしも全員が性暴力を理解しているわけではない。子供たちが出すサインに気づき、多くの専門家、捜査機関などが関わる仕組みを構築することが大切だと感じている。

様々な研究データや被害者支援の経験から、子供への性暴力は常習性が高いとされる。二度と教職や子供に接する他の職業に就けないようにするべきだ。

英国では「DBS制度」というものがあり、ボランティアを含む子供に関わる仕事に就く際、求職者はDBSの担当部局が発行する無犯罪証明書を取得し、雇用先には、その提出を受けることを義務づけている（DBS＝Disclosure and Barring Service）。

新法でも付則として、子供と接する職業に就く人の性犯罪歴を照会する制度の検討が盛り込まれた。子供を守るのは大人の責務だ。国としてさらに検討を進めていってほしい。

（やまもと・じゅん　看護師、保健師。性犯罪に関する法整備のあり方を議論してきた法務省の「性犯罪に関する刑事法検討会」の委員を務めた）

（4）新法以外の試み

処分内容の可視化

わいせつ教員問題の対策を強化するため、文部科学省は教員が懲戒免職・解雇された理由について、「子供へのわいせつ行為」など五つに分類し、官報に判別できるようにして記載する新制度を2021年4月から始めた。教育委員会などが教員を採用する際、応募者が過去にわいせつ行為で処分されていないかを把握できるようにするのが狙いだ。懲戒免職されるなどして教員免許が失効した場合、教員免許法に基づき、官報に氏名や免許状の種類などが掲載される。免許が失効しても3年たてば再取得できるため、再度、教員に応募することが可能になる。

そのため、文科省では、官報に掲載された情報を基に免職歴を調べることができる官報情報検索ツールを、教委や私立学校を運営する学校法人に配布している。

これまでは、応募者の免職歴が確認できた場合、処分した教委にその内容を尋ねるなどしてきた。ただ、「個人情報」などを理由に教えてもらえないケースもあり、処分理由を本人に尋ねても、虚偽の申告をされたらそれ以上追及するすべはなかった。

そこで、文科省は同法施行規則（省令）を改正し、処分理由について、〈1〉18歳未満や勤務する学校の幼児・児童生徒に対するわいせつ行為・セクハラ〈2〉それ以外のわいせつ行為・セクハラ〈3〉交通法規違反や交通事故〈4〉職務に関連した違法行為など〈5〉その他——の5類型に分けたうえで、これを識別できる形にして掲載することにした。

官報に掲載される「教員免許状」失効者の情報

(1) 氏名
(2) 本籍地
(3) 免許状の種類
(4) 授与権者
(5) 免許状授与年月日
(6) 免許状の番号
(7) 失効または取り下げの年月日
(8) 失効または取り下げの事由
①18歳未満の者または自らが勤務する学校に在籍する幼児、児童もしくは生徒に対するわいせつな行為またはセクシュアル・ハラスメント
②わいせつな行為またはセクシュアル・ハラスメント〈①に該当するものを除く〉
③交通法規違反または交通事故
④教員の職務に関し行った違法行為など〈①～③に該当するものを除く〉
⑤それ以外の理由

過去には、わいせつ行為で処分されても、それを隠す目的で改名して教員に採用された例もある。そのため、各教委に対しては、改名歴のある教員については官報掲載時に旧氏名の併記も求める。

文科省では21年2月末から、過去40年分の免職歴を調べることができるようにツールを大幅に拡充した。今回の処分理由の付記については、4月1日以降に懲戒免職・解雇された教員から適用される。

省令改正に先だって行われたパブリック・コメント（意見公募）では、「権利の侵害に当たる」との意見も寄せられたが、文科省は「懲戒免職は行政処分であり、犯罪歴を明記するわけではない」としている。萩生田文部科学相は「適切な採用選考が行われることが期待される。実効性のある対応を引き続き講じていきたい」と話している。

第六章　被害を防ぐには

子供へのわいせつ行為が繰り返される事態を防ごうと、子供にかかわる職業の従事者に性犯罪歴がないことを証明する制度の創設の検討も始まっている。わいせつ教員対策の新法「教員による児童生徒性暴力防止法」にも、検討が明記された。英国で導入されている「無犯罪証明制度（DBS）」を参考に、日本版「DBS」を作ることを想定している。わいせつ事案の再犯防止策の一つとして実現するか、注目される。

（1）日本版DBS制度

再犯を防ぐために

教員による児童生徒へのわいせつ行為が繰り返される事態を防ごうと、自民党の行政改革推進本部内に2021年2月、子供にかかわる職業の従事者に性犯罪歴がないことを証明する制度の創設を目指すプロジェクトチーム（以下、ＰＴ）が発足した。

「再犯の多さからも、性犯罪を犯した人物が子供のいる場に二度と戻ってこられないシステム作りが必要だ」。2月以降、週1回のペースで議論を重ねている自民党ＰＴの座長で、元高校教員の上野通子・参院議員は強調する。

15年の犯罪白書によると、性犯罪で有罪が確定してから5年が過ぎた約１５００人のうち、何らかの犯罪を再び犯した人は３０７人。このうち約7割の２０７人は性犯罪の再犯者だった。

愛知県では18年、児童にわいせつ行為を繰り返したとして、知立《ちりゅう》市立小の臨時講師だった男が強制わいせつ罪で懲役4年の実刑判決を受けた。実はこの男は埼玉県の小学校教員だった13年に児童買春・児童ポルノ禁止法違反で罰金刑を受け、停職の懲戒処分を受けた後に退職。知立市での採用時、男は処分歴を隠していた。

市の担当者は「本人が過去の職歴や処分歴を明かしていなかったので、気づけなかった」と明かした。

英国の「DBS」を参考に

　こうした中、参考になるのが英国の「ＤＢＳ」と呼ばれる制度だ。教員やベビーシッターなど子供に接する仕事に限らず、様々な職種について求職希望者の違反歴や犯罪歴の有無を内務省の関連団体が証明する公的制度で、19年4月〜20年3月の間に約５９６万通の証明書が発行された。

　すでに日本国内でも海外に永住する際などに、警察が「犯罪経歴証明書」を発行している。また、里親登録時には都道府県が本人の意思を確認した上で、本籍地の市町村に犯歴照会をしている。

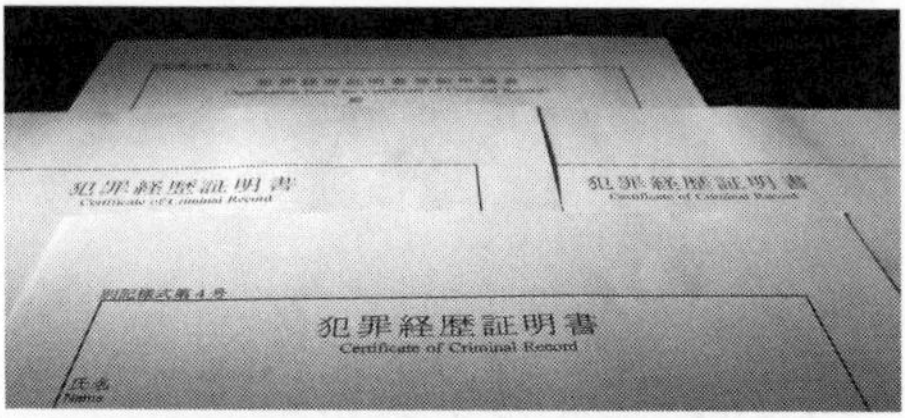

日本人が海外に永住する際などに、外国政府あてに日本の警察が発行する「犯罪経歴証明書」

　ただ、課題もある。刑法では禁錮以上の刑を終えて10年たてば刑が消滅すると定めており、警察の犯罪経歴証明書なども刑の消滅後は犯罪歴を確認できない。

　犯罪歴を長く確認できるようにすることは、社会復帰や職業選択の自由を阻害し、更生の妨げになりかねないという指摘も

犯罪歴や処分歴の主な管理状況

犯罪歴
【法務省、市区町村】 罰金刑以上の確定者について、地方検察庁からの通知をもとに本籍地の市区町村が管理。選挙人名簿からの除外などで使われる
教員の処分歴
【都道府県、政令市（教育委員会)】 懲戒免職などで教員免許失効の場合は官報に名前を掲載。それ以外の処分は、公立学校では各教委が独自に管理

※【　】内は情報の管理者

ある。

わいせつ事案を引き起こした教員を排除するため、文部科学省も教員免許法の改正などを模索したものの、人権上の観点などから見送った経緯がある。

子供への虐待や性犯罪の防止に取り組むNPO法人「シンクキッズ」（東京）の代表理事で弁護士の後藤啓二氏は「犯罪歴を証明する制度は、子供を守るために必要かつ合理的な制度だ。子供と関係ない職業はいくらでもあり、職業選択を不当に制限することにはならない」とした上で、「犯罪の程度によっては生涯にわたっての排除ではなく、10年、20年と年限の差をつけるという考え方もある」と語る。

さらに制度を具体化するためには、犯罪歴を所管する法務省に加え、文科、厚生労働両省、警察庁など関係省庁が持つ情報をいかに共有して運用するかがカギとなる。上野議員は「私たち議員が議論を重ねて、制度の形を提案したい」と語る。

米国のケースは

米国では、性犯罪で有罪判決を受けた後に刑期満了や仮釈放などで社会に戻る人物の情報を登録し、地域住民らに公開、通知する制度が導入されている。

ニュージャージー州で１９９４年、７歳の少女ミーガン・カンカさんが、性犯罪の前科のある近所の男に殺された事件をきっかけに、性犯罪者情報の登録と公開、地域への通知を義務付けるミーガン法が成立。90年代末までに全米50州で同種の州法が設けられた。

制度の詳細は州により様々だ。ニュージャージー州は登録者の再犯リスクを３段階に分ける。低リスク者は居住地域の警察などに、中リスク者は学校などの教育機関に、高リスク者は地域住民に情報が通知される。

中・高リスク者の情報はオンラインでも公開されている。この州の性犯罪者登録検索

米ミーガン法による性犯罪者情報登録などの仕組み

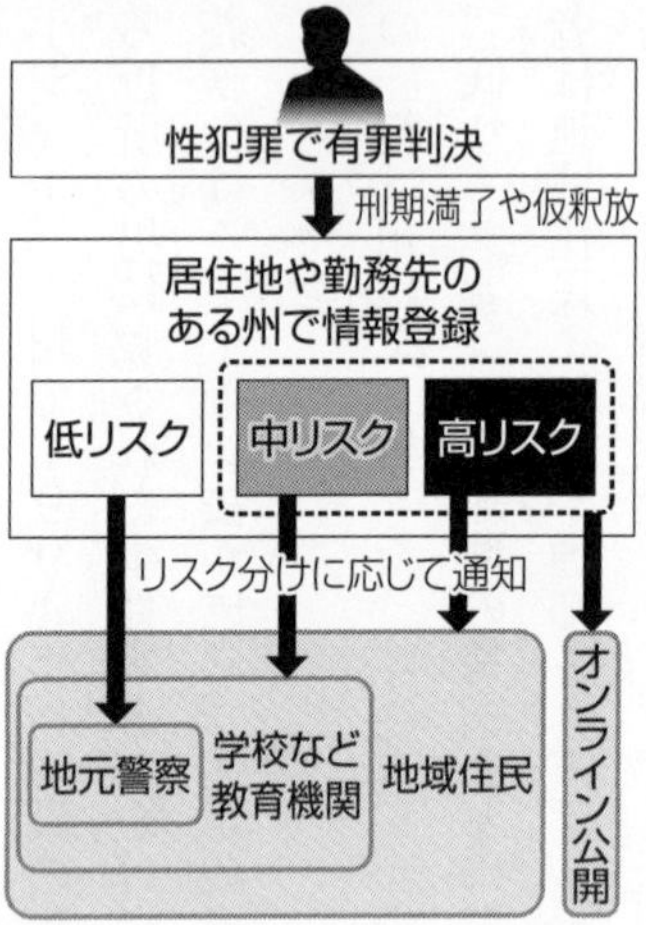

※登録者のリスク分けや情報公開対象などは州により異なる

サイトで郵便番号を入力すると、該当地域に住む登録者の氏名や生年月日、住所、犯罪歴、車のナンバーなどの情報を確認できる。顔写真や自宅の場所を示す地図も示される。

　米国内の評価は真っ二つに割れている。性犯罪被害者支援団体「ペアレンツ・フォア・ミーガン・ロー」のローラ・エーハン事務局長は「情報の登録や公開により、保護者や地域が子供の安全確保策を講じることが可能となり、別の子供が被害者となる事態を防いできた」と述べる。ワシントン州の調査では、ミーガン法成立以降、州内の子供に対する性犯罪が減り続けているという。

　一方、国際人権団体「ヒューマン・ライツ・ウォッチ」などの人権団体は「米国の性犯罪者の再犯率は全犯罪者の再犯率と比べて低い」と指摘する。現行制度が再犯の可能性が低い人の人権を奪い、社会復帰を妨げていると訴える。

（2）文科省の動き

生徒との私的SNSを禁止に

「教員による児童生徒性暴力防止法」に合わせ、文部科学省でも子供たちの被害を防ぐため、教育委員会や学校法人などに対して、様々な対策が通知された。

教員による児童生徒らへのわいせつ行為が後を絶たない中、文科省は2021年4月、SNSの私的なやりとりの禁止や密室状態での指導の回避などの「対応指針」をまとめ、全国の教委に通知した。

通知では、無料通信アプリ「LINE」などで私的なやりとりを交わしているうちに親密になり、わいせつな行為に及ぶケースが多いとして、教員と児童生徒のSNSの私的なやりとりの禁止を明確化するよう各教委に求めた。

文科省によると、全国には空き教室は約8万室あり、そうした「学校の死角」でわいせつ行為をする事例も散見されるため、密室状態での指導を回避するよう求めた。

このほか、関係者の言い分が食い違う事案では、弁護士や医師などの外部専門家の協力を得ながら調査を進める対応例を示した。懲戒処分歴を隠して応募することがないよう、処分歴を記載する書式例を各教委に提示し、処分前に依願退職させないことなども盛り込まれた。

通知内容には、初めて明文化されたものが多く、文科省幹部は「わいせつ行為は許されないという強い意思を示した」としている。

私学でも対策を

私立学校に向けても対策が講じられた。文科省は21年4月、公立学校の対応を参考に、処分前の依願退職を認めないよう要望する通知を私学を担当する各都道府県に向けて出した。

私学の教員の場合、民法の規定で退職届を出してから、原則2週間が経過した時点で退職できる。そのため、わいせつ事案で調査を受けていても、処分前に自主退職する事例が各地で散見されている。懲戒解雇になれば、免許を再取得できるようになるまでに3年かかるが、自主退職ならば免許が失効することはない。

文科省では「公立学校には依願退職を認めないという運用を求めている。私学には参考にしてほしいという意味だ」としている。

このほか、通知には、採用希望者について、処分歴があるかどうかの確認を求めることや、児童生徒との私的なＳＮＳのやり取りを禁止することも盛り込まれた。

元教員に立証責任を

「教員による児童生徒性暴力防止法」では、懲戒免職になった教員への免許再交付の可否について、元教員側に更生度合いを証明する「証拠」を挙げてもらう形で審査することになった。萩生田文部科学相が21年6月、読売新聞のインタビューに答えた。再交付の審査についても、「全国都道府県教育委員会連合会」（東京）にその機能を置く意向を示した。

教員免許法では性暴力で懲戒免職・解雇され、免許を失効しても3年たてば再取得できる。新法では都道府県教委に免許失効者への免許再交付の可否を判断できる「裁量権」を与え、各教委は新たに設ける専門家からなる「教員免許再授与審査会」の意見を聞き、判断することとした。

その際の基準について、萩生田氏は「更生などを判断するための資料は申請者側が提出する必要がある」と述べ、元教員側に立証責任を求める形で審査を進めることを明らかにした。

これまで、審査会では、〈1〉加害行為の重大性〈2〉本人の更生度合い〈3〉被害者らの心情――などから総合的に判断するとされてきた。

このうち更生度合いについては、元教員側が具体的に示す形を取ることで、わいせつ行為をした教員が再び教壇に立つことを防ぐ高いハードルへとつなげる考えだ。

また、萩生田氏は「審査会のメンバーが各教委で違う顔ぶれになれば、判断基準も異なってくるおそれがある」と指摘。同連合会に弁護士出身者ら固定されたメンバーを置き、各地の教委で審査が行われる際に加わる方向で検討を進めるという。

新法は21年6月4日に公布された。

【萩生田文部科学相インタビュー】

新法「教員による児童生徒性暴力防止法」の運用面での制度設計を担うのは文部科学省だ。萩生田文科相が21年6月、読売新聞のインタビューに応じ、運用面での構想、私立学校の「自主退職」問題、子供と接する職業に就く際に無犯罪証明を提出する制度への検討状況などを語った。

――新法が議員立法で成立した。文科省では20年12月、先の国会での法改正を見送った経緯がある。どう受け止めているか。

「子供を守り育てる立場にある教師が、子供に対してわいせつ行為を行うことは断じてあってはならないと繰り返し申し上げてきた。教員免許法の改正に向け、昨年来ずっと準備をしてきた。最終的に法制上乗り越えられない課題があった」

わいせつ教員問題について語る萩生田文科相（2021年６月22日、文科省で）／木田諒一朗撮影

「不退転の決意で法改正すると申し上げ、議員の皆さんも同じ思いで取り組んでこられた。私どもは先の国会では法改正を断念したが、その上を超えていってもらい、議員立法をつくってくれたと思っている」

――新法では、児童生徒への性暴力で教員免許を失効した元教員が再交付を申請した際、都道府県教委が拒否できる裁量権を与えるのが特徴だ。ただ、判断のバラツキが危惧される。

「新法では、再び教員免許を与えるのが適当である場合に限り、認められる。都道府県教委は『教員免許再授与審査会』の意見を聞いたうえで、加害行為の重大性や本人の更生度合いを見極めて総合的に判断するが、その審査には全国で統一的な運用が必要だ」

「47都道府県全てに審査会を設置するのは結構困難ではないか。審査会のメンバーが違えば、審査のアプローチも違い、判断基準が異なることになる。明確で公正な基準や適正な手続き、全国都道府県教育委員会連合会などとの連携も含め、審査委員の人選、審査会のあり方についてしっかりと検討したい」

――都道府県教委連合会との連携とは。

「連合会に審査会のメンバーを置き、各教委の事案について審査をしていただこうと考えている。弁護士出身とか、レギュラーのメンバーを連合会に数人置くという意味だ。キックオフの段階であり私案だが、地元の事情が分かる人も必要で、地元の教育委員会の方にも入ってもらうイメージを持っている」

――わいせつ教員問題を巡っては、私立学校では処分前に教員が「自主退職」する事例が散見される。民法の規定上、学校側もこれを認めざるを得ない。ただし、こうしたことを受け、国会の決議では私立学校の対策も盛り込まれた。

「私立学校が評判低下を恐れて、（処分をせずに）自主退職を促すことをしていたならば、それはあまりにも無責任だ。（そうした私学を）公表していくことも選択肢としてはあってもいいのではないかと考えている」

――与野党で、子供と関わる業務に従事する人に無犯罪証明を求める「日本版DBS制度」の検討が進められている。文科省のほか、厚生労働省、法務省など多くの役所が関わることになる。文科省は省庁横断の対策にどのように関わるのか。

「日本版DBSの仕組みが実現すれば、子供を守る観点からは大変有用だ。政府全体の検討に、我々としても積極的に協力していきたい。教員については今回の法律ができたが、子供たちに接する他の職業でもわいせつ事案は起きている。すべての子供を守るためにも、実効的な方策は不断に検討し、考えていかねばならない」

(3) 幼児期の学校教育で

小中高教材での取組み

わいせつ教員を許さないという機運の高まりは、様々な方面に波及した。法律や政策のなかでわいせつ被害を防ぐというやり方だけではなく、幼児期からの教育を通して、被害の防止に取り組もうという動きも出ている。

文部科学省と内閣府は２０２１年４月、子供たちに性被害を防ぐ意識をもってもらうため、年代別の「性被害防止教材」(※)を公表した。国が子供の発達段階に応じて体系的な教材をつくるのは初めて。学校の授業などで活用を促す方針だ。

わいせつ行為で処分される教員数が高止まりしていることや、ＳＮＳの利用で性犯罪に巻き込まれる18歳未満の子供が増加傾向であることなどから、子供たちが身を守るためには、幼少期からの教育が必要だと判断。20年以降、有識者による検討会の議論をもとに教材作成を進めていた。

教材は年代別で、幼児期、小学校の低・中学年、高学年、中学、高校、主に大学の６種類を作成した。

文科省では、この教材を使った「生命《いのち》の安全教育」を21年度から一部学校で先行実施し、順次、拡大していくとした。学校現場では保健体育や道徳、特別活動などでの活用が想定されている。

被害に気づきにくい幼児や小学生向けの教材では、「水着で隠れる部分は大切なところ」などと分かりやすく解説。見せたり、触らせたりしないことを教えるほか、触られ

水ぎでかくれるところは
じぶんだけの
たいせつなところだからだよ
いろんなひとに みせるところ
じゃないんだね！
口・かお　もたいせつだよ！

国が作成した性被害防止教材。小学生用では水着の児童のイラストをもとに、「プライベートゾーン」を守ることの大切さなどが書かれている

て嫌な気持ちになったら拒否したり、逃げたりして信頼できる大人を頼ることを明記した。

中高校生向けでは、ＳＮＳの危険性を強調した。ネット上で知り合った相手をすぐに信用しないことや、交際相手でも下着姿や裸の写真を送らないよう訴えた。加害者にも被害者にもなり得ることに触れた。

また、性暴力とは対等な関係でない場合に起こりやすいとして、被害を受けると、自分を責めるなど心身に深刻な影響が出ることを例示した。「被害にあった人は決して悪くない」と強調し、抱え込まずに相談するよう促している。

※「性被害防止教材」に盛り込まれた主な内容

・体を守ること

水着で隠れる、いわゆる「プライベートゾーン」などを見せたり触らせたりしない（幼児期、小学校低・中学年、小学校高学年）

・性暴力とは

相手が恋人や家族でも、望まない性的行為はすべて性暴力（中学校、高校など）

・SNSを通じた被害

インターネット上でのやり取りでは、被害者だけではなく加害者になることもある（中学校、高校）

・心身への影響

性暴力被害に遭うと、吐き気や頭痛、自分を責める、誰も信用できないなどの深刻な影響が出る（中学校、高校）

性暴力から守る教育

子供を性暴力の被害者や加害者にしないため、文部科学省が21年度から実施するモデル事業「生命の安全教育」。わいせつ教員問題で関心が高まっている側面もあり、多くの自治体が関心を寄せており、有識者は「これを機に、国内ではおろそかにされてきた『性教育』に取り組んでもらいたい」とする。

文科省では、23年度からの全国展開を目指し、モデル授業の実施校を募集。これまでに、さいたま市や大阪市など10以上の自治体から申し込みがあった。

大阪市教育委員会は「市内の小学校では独自の『性・生教育』に力を入れてきた。その考えと、今回の国の方向性が合致した」とする。

日本の小中学校の「性教育」を巡っては、学習指導要領では思春期の体の変化などには触れるが、「妊娠の経過は取り扱わない」とされている。スポーツ庁政策課は「指導要領はあくまで基準で、指導方法や内容は各学校の実情に応じて様々だ。発展的な学習を否定するものではない」とするが、諸外国と比較して遅れが指摘されている。

埼玉大の田代美江子教授（ジェンダー教育学）は「性暴力の防止のため、こうした教育に学校で取り組むことは重要だ。教材にも、性被害や性に関する相談窓口の紹介もあるのは評価できる」とするが、「年齢によっては、『性』は『危険』という否定的な面ばかりではなく、性とは何なのかについてもきちんと教えるべきだ。性への過度な恐れだけを助長せず、包括的に性に関して考える『性教育』の場にしてもらいたい」と話している。

（4）識者の声

読売新聞では2020年9月にキャンペーン報道「許すな　わいせつ教員」を始めて以降、多くの有識者、行政関係者、大学教授、教員などに話を聞いてきた。この項では、そのインタビューを振り返ってみたい。（※肩書、経歴はいずれも紙面掲載時点のもの）

情報や教訓の共有を
【千葉大教授　後藤弘子氏】

多くの人はこれまで、「学校は安全だ」と信じ、教員が教え子への加害者になるとは思っていなかった。だが、読売新聞の調査で教員による被害者がこれだけ多くいることが分かった。

子供は性についての知識が乏しい。わいせつな行為を受けても、それをうまく言語化できず被害を訴えられない。受けた行為の意味さえ分からないこともある。実際の被害者はもっと多いだろう。

小学校では1人の教員がクラス担任を務め、全権を握っている。学校教育法11条には「懲戒権」も明記されており、子供たちからすれば絶対の権力者だ。わいせつな行為をされたら、逆らうこと自体が難しく、被害も申し出にくいだろう。

では、どうしたら防ぐことができるのかを考えた時に、子供が被害を申し出るのを待つのではなく、学校できちんと発見でき、社会が拾い上げることができる仕組みを構築しなければならないと感じている。

具体的には、子供に変だなと思ったことを手紙に書いてもらう。固定電話のない家庭が増えているが、手紙ならば低学年でも、「おかしい」と思ったことを書くことができる。宛先は学校以外の第三者が望ましい。

複数担任制にすれば、これまで1人の教員が別室に呼び出してわいせつ行為を行ってきたような事案でも、別の担任の目が行き届くようになる。大学の教員養成課程では、「子どもの権利条約」や性に関する事柄なども教えるべきだ。

現行の教員免許法では、わいせつ行為などで懲戒免職となった教員は3年たてば、再び教壇に立つことができる。憲法で定められた「職業選択の自由」に基づくものだが、きちんとした更生プログラムも受けないで、一定の期間が過ぎたという理由だけで教壇に戻すのは危険だ。第三者がきちんと判断、評価をして、教員免許を再交付するようにしなければならない。

同じく子供が被害者の児童虐待では、検察、警察、児童相談所の3者が協力して被害体験を聞き取る「協同面接」(司法面接)が有効とされる。被害者の負担を考慮し、代表者1人が被害を聞き取る手法だ。わいせつ行為をした教員は否認するケースが多いが、学校の責務は被害の防止だ。学校の性被害でも、研修を受けた専門家が聞き取り、事実認定をしていくやり方ができるはずだ。

学校現場では、被害が発覚しても「たまたま」で片付けられることが多く、教訓が蓄積されていない。被害者を一人でも減らすためにも、行政区分を超えて教委同士で情報や教訓の共有を進めていくべきだ。

（ごとう・ひろこ　専門は刑事法。少年法や子供・女性の性犯罪被害に詳しい）

子供を守ることを一番に

【広島県教育長　平川理恵氏】

私自身が女性であり、娘を持つ母親であり、「我がこと、我が子であれば」と思えば、教員による子供へのわいせつ、セクハラは絶対に許せない。被害を受けた子供を生涯にわたって深く傷付けてしまう。２０１８年に教育長に就任した際、厳罰化に向けてすぐに懲戒処分の指針を改定した。

具体的には、指針に「特にわいせつ、セクハラ事案についての具体的な処分の量定の決定には、より厳しい姿勢で臨む」という文言を全国の教育委員会に先行して付け加えた。そのことを発表した記者会見では、「広島県の公立学校において、わいせつ、セクハラは許しません」と断言した。懲戒事案が後を絶たない中、強いメッセージを発信しように考えて校長会などでも言い続けている。

17年度に6件あった子供へのわいせつ、セクハラによる処分は、18年度に3件、19年度には1件になった。残念ながら20年度も既に1件ある。ゼロにしなければいけない。

厳罰化は、お母さん方から「よくぞ言ってくれた」と評価された。性被害などを告発する「ＭｅＴｏｏ（私も）運動」に象徴される社会的な意識の変化に、学校も対応しなければいけない。公共の場での喫煙なども、昔は当たり前だったが変わった。学校でのわいせつ、セクハラについても変えられるはずだ。

中学校の校長を務めた経験から言えば、教員同士が何でも言い合える職場環境は大切だ。おかしな教員の様子に気付くことができる。また、そういう職員室をつくることができれば、子供たちも被害に遭っていることを打ち明けやすいのではないかと思う。

現状では、指針を変えても、広島県だけが突出して厳しい処分をするのは難しい。他の自治体との差があまりに大きいと訴えを起こされれば、裁判で負けてしまう。だから、他の都道府県でも厳しく対処する姿勢を打ち出してほしい。社会全体で厳罰化が進み、少しずつでも処分を重くしていき、わいせつ教員が学校からいなくなればいいと思っている。

教員の懲戒免職処分の情報を確認できる「官報情報検索ツール」の検索可能期間が、現在の3年から40年に延長されることは評価できる。国がやっと動いてくれた。1回でもそういうことを起こした先生は、二度と教壇に立ってほしくない。職業選択の機会を狭めるという議論につながるかもしれないが、子供を守ることを一番に考えなければならない。

（ひらかわ・りえ　リクルートを経て、留学斡旋《あっせん》会社を設立。2010年に公立中学校初の女性民間人校長として横浜市に採用される。18年から現職）

加害者に見られる傾向

【精神保健福祉士　斉藤章佳氏】

依存症を専門とする民間のクリニックで、13歳以下の子供を性の対象とする「小児性愛障害（ペドフィリア）」と診断された患者の治療プログラムに携わっている。これまで関わった約180人のうち3割強は、教員など子供と接する職業に就いていた。

わいせつ行為などの性暴力は、対等な関係ではなく、加害者が絶対的な権力を持つ関係の中で起きやすい。特に教員と児童生徒は「教える側」と「教え子」という力関係がはっきりしており、そうした力関係の下では性暴力は発覚しにくい。

何をされているか子供が理解できないこともあるが、教員側は「これを言ったら大変なことになる」「2人だけの秘密だよ」と口止めをする。子供に「私は特別な存在なんだ」という優越感を与えることもうまい。

これまで治療に関わってきた教員の患者たちは穏やかな人物が多く、子供に好かれる雰囲気をまとっていた。保護者や同僚からも信頼されているため、被害に遭った子供は声を上げにくく、周囲も気づくことが難しい。実際に子供へのわいせつ事件を起こした教員を知る保護者からは、「あの先生がそんなことをするとは信じられない」と驚きの声を聞いた。

加害者の多くは、子供への性的関心に目覚めたきっかけを「児童ポルノ」と答えているが、学校の環境が引き金になることもある。無条件に教員を慕ってくる子供もいるし、低学年であれば、より身体的な接触を持つ機会が多くなる。

加害者に見られる大きな傾向の一つに、「認知のゆがみ」がある。恐怖で体が動かず、抵抗できない子供の様子を見て、「受け入れてくれている」と自分に都合良く解釈し、加害行為を続ける。こうした認知のゆがみは、認知行動療法やグループミーティングなど時間をかけた治療で是正しなければならない。

かつて教員は「聖職者」として捉えられ、世間も教員がわいせつな行為をするとは思っていなかった。だが実際に多数の事件が起きており、学校は性暴力が起きやすいという認識を社会で共有する必要がある。

さらに、教員が一度でも事件を起こしたら、再び子供と接触する職に就かせないことが大原則であると思う。子供のいる環境から遠ざけ、治療につなげる仕組みを作ることが重要だ。

職業選択の自由や、どの程度の行為であれば、二度と教職には就かせないようにするかといった議論も当然あるだろう。だが、再犯を防ぎ、被害者を守るためには、リスクを回避することが最重要だと考える。

（さいとう・あきよし　「榎本クリニック」（東京）で2018年から小児性愛障害の治療プログラムに携わる。精神保健福祉士。著書に『「小児性愛」という病』）

早期に適切なケアを

【武蔵野大　藤森和美教授】

20年ほど前から、自殺や事件事故、教職員の不祥事などが発生した際に学校に派遣される臨床心理士や精神科医らで構成される緊急支援チームの一員として、被害者支援や対応する学校側への助言などに取り組んできた。

教員によるわいせつ事案については、公立だけでなく国立や私立も含め、40件以上携わってきた。

その経験から、この問題は被害実態、背景、課題など非常に多様なケースがあり、根が深く、難しい問題だとつくづく感じている。刑事事件になる事案もあるが、それはあくまで一部だ。証明が難しくて疑惑でとどまってしまったり、幼少のために被害に気づかなかったり、恋愛から結婚に至る場合もあったりする。

重要なことは、被害を最初に聞く可能性が高い教職員や保護者の対応だ。動揺し、冷静さを失ってしまうと、子供は余計に不安になり、被害を話せなくなる。

そのためにも、被害を打ち明けられたら、大人は否定をせずに聞き役に徹し、スクールカウンセラーや臨床心理士に早期に対応してもらうよう橋渡しをしてあげることが大切だ。

早期に適切なケアをしないと、自分自身を責めてしまったりフラッシュバックなどの症状が長期化してしまったりする。

加害教員の特徴としては、高圧的、自己中心的という点が挙げられる。児童生徒から妙な人気があるというケースもあった。そして、加害教員は「自分の指導方法は問題ない」と思っている人が多い。児童生徒との関わり方が「おかしい」と気づくためにも、周囲の教職員がアンテナを高くすることが大事だ。

本来、学校の安心安全は大人が守り、保障していくべきものなのだが、難しい部分もある。子供たちにも、自分で自分を守れるようになってもらいたい。

そのためには、自分が不快感や違和感を覚えたり、プライベートな領域を侵害されたりしたら、我慢せずに声をあげてほしい。学校では、元気で素直で従順な子が好まれるが、もっと声をあげていいんだと教えるべきだろう。

学校では、教員と児童生徒の関係は教える側と教えられる側という構図にある。そうした力関係というものは、子供が大人となり、社会人になってからも上司と部下、先輩と後輩という形に変わって続いていく。

だからこそ、学校では、権力がある相手に対しても、性被害を受けたら声を上げることが当たり前であることを幼少期から教えてほしいと思っている。

（ふじもり・かずみ　公認心理師、臨床心理士。いじめや性的被害、虐待などを経験した子供の心のケアや支援に詳しい。著書に『学校トラウマの実際と対応　児童・生徒への支援と理解』、『子どもへの性暴力　その理解と支援』（共編著）など）

日教組の立場から

【日本教職員組合（日教組）　清水秀行・中央執行委員長】

――教員によるわいせつ事案が後を絶たない要因は。

「教員は小学校では学級担任として、子供たちの指導を一手に担い、いわゆる『学級王国』となりがちだ。幼い児童であれば抱きついてくるなどの身体的な接触もあり、それを取り違えてしまうケースもある。中学校では部活において絶対的立場にいる場合もあり、子供が憧れの気持ちを抱くこともある。構造的に問題が起きやすいと言える」

「もともとの小児性愛者もいる。教え子に『自分は大事にされている』と思い込ませて取り込み、それが性暴力へとつながっていく。そうした傾向をもつ人物は、採用の段階から厳しく見るべきだ」

――わいせつ行為を防ぐため、教員はどう行動するべきか。

「性暴力とは別の話だが、若い教員が生徒と卒業後に結婚することもある。ただ、もちろん学校にいる間は男女としての交際を禁じるべきで、教員は学校という環境の特殊性を踏まえて行動しないといけない。私も中学校で生徒指導を担当したが、問題を抱えている女子生徒もいた。相談に乗るうちに距離が近くなるため、密室で1対1にならないなど気をつけた。教員は常に理性を働かせ、自制することが求められる」

「自分を客観的に見つめ直すことも大事だ。学校で教員が普段の行動を振り返るためのセルフチェックシートを配布し、体罰やセクハラなど問題のある行動をしていないかなど確認する機会を作ることも有効だろう」

――幼い子供は被害を認識できない場合もある。被害を受けた子供たちの声をどう拾いあげるべきか。

「子供たちの発達段階に応じた性教育を行うべきだ。水着のイラストを使い、他人に触らせない『プライベートゾーン』を説明するなど、自分自身の気持ちや体に目を向け、自分を守ったり、他人を大切にしたりすることを学校では普段から教えてほしい」

「相談しやすい体制の整備も必要だ。いじめや自殺などの問題のように相談窓口を増やし、大規模校では養護教諭の複数配置を進める。生徒が相談しやすいスクールカウンセラーやスクールソーシャルワーカーの増員を文部科学省に働きかけていきたい」

――新法をどう見るか。

「子供の人権の保障や学校教育への信頼を確保するという観点からも、新法の意義は大きい。性暴力をしてはならないと、法律で明確に規定したことも抑止効果となり、被害者も声を上げやすくなるのではないか」

「一方で懸念もある。わいせつ行為で免許を失効した教員が再交付を申請した際、都道府県教委が可否を判断できるようにした。子供へのわいせつ行為は再犯の危険性もあり当然だが、恣意《しい》的な運用につながるおそれもある。裁量権を乱用されないような仕組み作りが必要だ」

「そのためにも、教委が再交付を判断する際、都道府県に置く審査会の意見を聞くとしているが、このメンバーに教委を加えないほうがよい。身内に甘いと見られがちなので、メンバーは第三者に限定するべきだ」

――日教組として今後取り組んでいくことは。

「教員としての力量や教職に対する思いを高めていくことが重要だ。公立小学校の採用試験の倍率は3倍を切り、低下が顕著だ。教員として不適格な人物を排除し、わいせつ事案を未然に防ぐには採用倍率を上げることが必要だ。教師の仕事を魅力的なものにするためにも、多忙化の解消や教員の増員など労働環境を改善していかないといけない」

――子供と接する職業に就く際に無犯罪証明書を求める制度の検討も進む。この制度についてどう考えるか。

「世の中から子供への性暴力を根本的になくそうとするのであれば、社会全体で取り組まないといけない。一方で、人権や職業選択の問題もあり、制度の創設に当たっては議論を尽くすべきだ」

(5) 法制審でも審議へ

地位悪用に罰則を

性犯罪に対処する法整備のあり方について、法制審議会（法相の諮問機関）でも議論が始まっている。教員らによる性暴力の被害者が強く実現を望むのが、地位や関係性を悪用した行為を取り締まる罪の創設や、撤廃を含む公訴時効の見直しだ。「泣き寝入りを防ぐ法整備を」。被害者らは議論の行方を注視している。

「地位や力関係に乗じた行為は悪質だ。被害者は『自分が悪い』と思い込み、心に一生消えない深い傷を負う。『あなたは悪くない、悪いのは加害者だ』という法律にしてほしい」

ある地方で、中学生だった女子生徒が男性教員（懲戒免職）からわいせつ行為を受け、約1年後に命を絶った。女子生徒は当時、心療内科を受診し、教員への怒りと自責の念との葛藤を打ち明けていた。母親は取材に、やり場のない気持ちを改めて吐露するとともに、法制審の議論への願いを語った。

文部科学省によると２０１９年度にわいせつ行為で処分を受けた教員は１７４人に上る。うち自校の児童生徒や卒業生など、18歳未満への行為で処分されたのは１２６人で7割強だった。

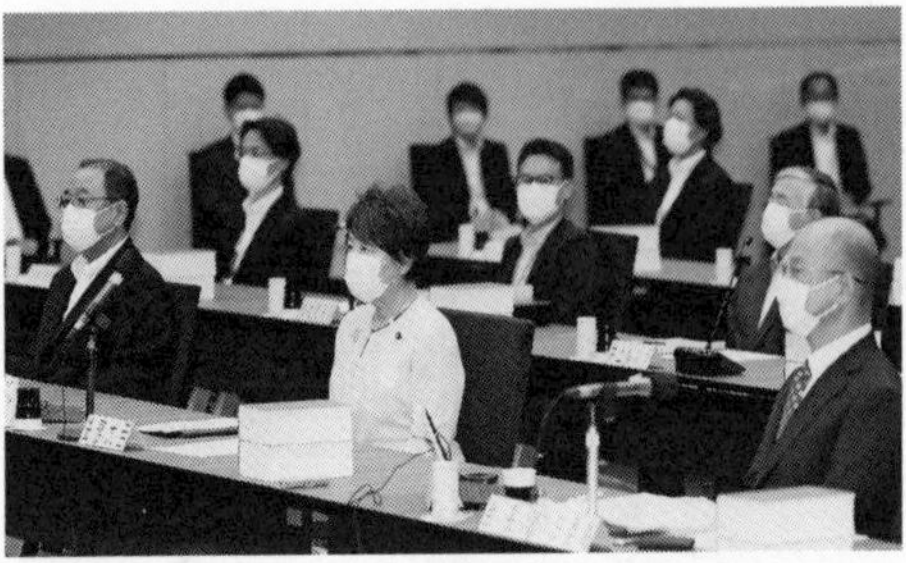
性犯罪に対処する法整備のあり方などが諮問された法制審議会の総会（2021年９月、東京都千代田区で）

部活動のコーチという立場を悪用したとみられる事件も起きている。
大阪府警は21年9月、野球部員に性的暴行をしたとして、大阪市内の私立高校元講師で野球部のコーチだった男を強制性交致傷容疑で逮捕した。男は調べに対し、「教え子なら言わないだろう、ばれないだろうと高をくくって、繰り返しやった」と供述したという。

同校では部員14人が被告から被害を受けたと申告しており、「誘いを断ると練習やレギュラーから外される」と説明した部員もいた。記憶を封印しようとすることで心理的に無理が生じ、心的外傷後ストレス障害（ＰＴＳＤ）を発症して被害を申告することすらできなくなるケースもある。

処分を受けた教員（174人）がわいせつ行為をした相手

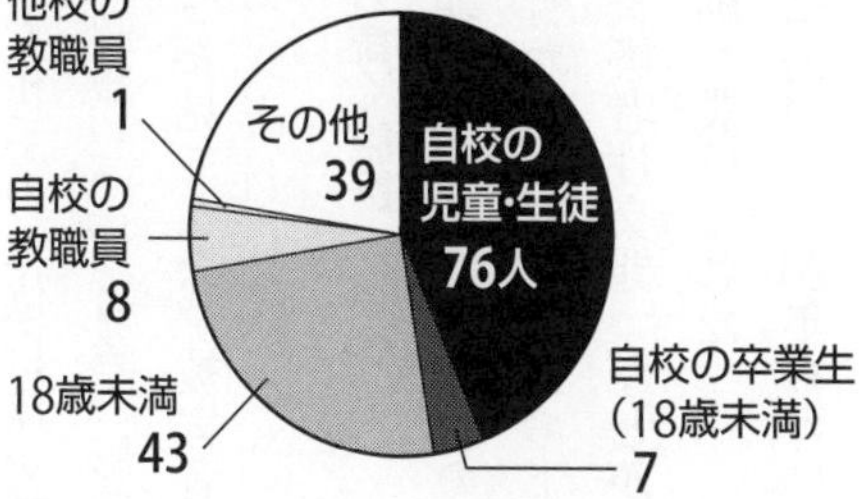

※2019年度、文部科学省まとめ

写真家の石田郁子さんが、中学時代に男性教員（21年1月に懲戒免職）から性暴力を受けたと訴えることができたのは、20年以上たってから。石田さんは「先生が悪いことをするはずがないと思っていたが、（性暴力だったと）37歳で気付いた」と振り返る。

被害者支援に長年携わる公認心理師の斎藤梓氏は

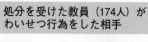

「関係性や相手の地位自体が抵抗を抑圧するという現状が見過ごされてきた」と指摘。「被害を認識し、加害者の影響から抜け出して相談できる頃には時効を迎えてしまう例をたくさん見てきた。被害者の実態に即した法整備が必要だ」と話す。

今なお続く議論

性犯罪の規定は17年7月の刑法改正で明治時代の制定以来、110年ぶりに大幅な見直しが行われた。法定刑の下限を引き上げる厳罰化や、家庭内の性的虐待などを対象とする「監護者性交罪」などが新設されたが、施行3年をめどにさらに見直しを検討するとの付則も設けられた。

付則に基づき、20年6月に始まった法務省の有識者会議では、地位や関係性を悪用した罪の創設もテーマの一つとなり、子供への影響力の大きさなどから、「教員という地位を要件として処罰すべきだ」という意見が出た。ただ、教員と生徒との関係性は多様で影響力にも濃淡があるとして、「一律に処罰するのは疑問だ」との考えも示された。

公訴時効の見直しも、特に被害者が未成年の場合は撤廃すべきだとの意見が出た一方、

「時の経過で被害者の記憶が減退し、信用性に重大な問題が生じることがある」といった慎重な意見もあった。

有識者会議での議論を踏まえ、上川法相が21年9月16日に行った法制審への諮問では、これらを含む計10項目が具体的に検討を求める論点に挙げられている。

法制審は今後、担当部会を設置して議論を本格化させるが、「積極派」と「慎重派」で改めて意見が分かれるとみられる。同省幹部は「すぐに結論が出ることはないのではないか」としており、長期化もあり得る。

※法制審で議論される主な論点

- 強制性交罪などが成立する用件の見直し
- 「性交同意年齢」の引き上げ
- 地位や関係性を悪用した行為を取り締まる罪の創設
- 配偶者間で強制性交罪などが成立することの明確化
- 性犯罪に及ぶために被害者を手なずける行為（グルーミング）に対する罪の創設
- 公訴時効の見直し

- 盗撮や、その画像を提供する行為に対応する罪の創設
- 盗撮などの画像を没収・消去できる仕組みの導入

おわりに

「この問題、どう考えてもおかしいです」。わいせつ教員は増え続け、懲戒免職処分になっても、3年たてば教員免許を再取得できる。2020年夏、社会部の朝来野祥子（現教育部）が同僚とともに、この問題に警鐘を鳴らそうと考えたのが取材の始まりでした。

当時、文部科学省は抜本的な対策を取ることができていませんでした。私たち記者も、毎年、発表される教員の処分者数を淡々と報じるだけでした。

自分たちの足を動かし、被害の実態を広く伝えるべきだと考え、社会部と教育部でキャンペーン報道「許すな　わいせつ教員」の取材班をたちあげました。社会部からはデスク役として木下敦子のほか、朝来野、波多江一郎、蛭川裕太が加わり、教育部からは石井正博、上田詔子、伊藤甲治郎、福元洋平、江原桂都を中心に、北海道支社編集部の大前勇、大阪本社生活教育部の蛭川真貴、西部本社社会部の今村知寛など各本支社総支局、海外支局の記者と連絡を取り合いました。

取材を通して見えてきたのは、教員という絶対的な立場を背景に、子供たちに理不尽なわいせつ行為をする大人たちの卑劣な行いでした。

幼少期に受けた行為に長年苦しむ大人、自ら命を絶った少女、警察に立件されるまで自分の行為を否認し続けた教員、何度被害を申告しても認めない学校と教育委員会――。カトリック教会の神父が子供たちへ性的虐待を加えているにも関わらず、教会は神父を守り、行為を隠匿する――。米ボストン・グローブ紙の記者たちがその実態を調査報道によって暴き、ピュリツァー賞を受賞し、その実話を基にした映画「スポットライト世紀のスクープ」は2016年、アカデミー作品賞にも選ばれました。

世界的なスクープと比べるつもりはありません。けれども、わいせつ行為で懲戒免職になっても教員免許を再取得できる教員免許法のあり方、その法律を改正できない文科省、わいせつ教員を守ろうとする学校や教委という構造的な問題は、多くの点で似ていると感じました。

文科省が法改正の「壁」にぶち当たったのと同じく、私たち取材班も何度も壁にぶつかりました。そのたびに、編集局幹部、各部長からは「被害者を守りつつ、その実態を報じることは大切だ。そのうえで、この問題がなぜ長年解決しないのか。そこにどんな課題があるのかを伝えていこう」と助言を受けました。

ある時、取材班が丹念に官報を見返していると、懲戒免職になって本来は掲載されているはずの教員の名前が見当たらないことに気付きました。全国調査をすると、不掲載はこの10年で61人に上りました。さらに、わいせつ行為をしても私立学校では自主退職するケースが散見され、公立学校では警察に届け出ないことがあることなどを報じていきました。

記事を書き続けるなか、国会議員の有志も立ち上がり、21年5月、「教員による児童生徒性暴力防止法」が成立しました。その後、生活部の石塚人生、矢子奈穂も取材班に加わり、放課後児童クラブ、放課後等デイサービス、児童養護施設においても、子供たちがわいせつ被害を受けている実態の調査を続けました。

最後になりましたが、取材やキャンペーン、また書籍化にあたりご協力くださった皆様に、心よりお礼を申し上げます。対策新法ができ、過去に性犯罪歴がある人物を子供と接する職業に就けないようにする仕組みの検討も始まっています。教育現場からわいせつ行為が本当になくなるのか。取材班はこれからも「許すな」との思いを胸に、現場に足を運んでいきます。

二〇二二年六月

読売新聞東京本社人事部次長（前教育部次長）
石間俊充

付録　教員による児童生徒性暴力防止法

令和三年法律第五十七号
教育職員等による児童生徒性暴力等の防止等に関する法律

目次

第一章　総則（第一条―第十一条）
第二章　基本指針（第十二条）
第三章　教育職員等による児童生徒性暴力等の防止に関する措置（第十三条―第十六条）
第四章　教育職員等による児童生徒性暴力等の早期発見及び児童生徒性暴力等への対処に関する措置等（第十七条―第二十一条）
第五章　特定免許状失効者等に対する教育職員免許法の特例等（第二十二条・第二十三条）

第六章　雑則（第二十四条）

附則

第一章　総則

（目的）

第一条　この法律は、教育職員等による児童生徒性暴力等が児童生徒等の権利を著しく侵害し、児童生徒等に対し生涯にわたって回復し難い心理的外傷その他の心身に対する重大な影響を与えるものであることに鑑み、児童生徒等の尊厳を保持するため、児童生徒性暴力等の禁止について定めるとともに、教育職員等による児童生徒性暴力等の防止等に関し、基本理念を定め、国等の責務を明らかにし、基本指針の策定、教育職員等による児童生徒性暴力等の防止に関する措置並びに教育職員等による児童生徒性暴力等の早期発見及び児童生徒性暴力等への対処に関する措置等について定め、あわせて、特定免許状失効者等に対する教育職員免許法（昭和二十四年法律第百四十七号）の特例等について定めることにより、教育職員等による児童生徒性暴力等の防止等に関する施策を推進し、もって児童生徒等の権利利益の擁護に資することを目的とする。

（定義）

第二条　この法律において「学校」とは、学校教育法（昭和二十二年法律第二十六号）第一条に規定する幼稚園、小学校、中学校、義務教育学校、高等学校、中等教育学校及び特別支援学校並びに就学前の子どもに関する教育、保育等の総合的な提供の推進に関する法律（平成十八年法律第七十七号）第二条第七項に規定する幼保連携型認定こども園をいう。

2　この法律において「児童生徒等」とは、次に掲げる者をいう。

一　学校に在籍する幼児、児童又は生徒

二　十八歳未満の者（前号に該当する者を除く。）

3　この法律において「児童生徒性暴力等」とは、次に掲げる行為をいう。

一　児童生徒等に性交等（刑法（明治四十年法律第四十五号）第百七十七条に規定する性交等をいう。以下この号において同じ。）をすること又は児童生徒等をして性交等をさせること（児童生徒等から暴行又は脅迫を受けて当該児童生徒等に性交等をした場合及び児童生徒等の心身に有害な影響を与えるおそれがないと認められる特別の事情がある場合を除く。）。

二　児童生徒等にわいせつな行為をすること又は児童生徒等をしてわいせつな行為をさせること（前号に掲げるものを除く。）。

三　児童買春、児童ポルノに係る行為等の規制及び処罰並びに児童の保護等に関する法律（平成十一年法律第五十二号。次号において「児童ポルノ法」という。）第五条から第八条までの罪に当たる行為をすること（前二号に掲げるものを除く。）。

四　児童生徒等に次に掲げる行為（児童生徒等の心身に有害な影響を与えるものに限る。）であって児童生徒等を著しく羞恥させ、若しくは児童生徒等に不安を覚えさせるようなものをすること又は児童生徒等をしてそのような行為をさせること（前三号に掲げるものを除く。）。

イ　衣服その他の身に着ける物の上から又は直接に人の性的な部位（児童ポルノ法第二条第三項第三号に規定する性的な部位をいう。）その他の身体の一部に触れること。

ロ　通常衣服で隠されている人の下着又は身体を撮影し、又は撮影する目的で写真機その他の機器を差し向け、若しくは設置すること。

五　児童生徒等に対し、性的羞恥心を害する言動であって、児童生徒等の心身に有害な影響を与えるものをすること（前各号に掲げるものを除く。）。

4　この法律において「児童生徒性暴力等の防止等」とは、児童生徒性暴力等の防止及び早期発見並びに児童生徒性暴力等への対処をいう。

5　この法律において「教育職員等」とは、教育職員（教育職員免許法第二条第一項に規定する教育職員をいう。以下同じ。）並びに学校の校長（園長を含む。）、副校長（副園長を含む。）、教頭、実習助手及び寄宿舎指導員をいう。

6　この法律において「特定免許状失効者等」とは、児童生徒性暴力等を行ったことにより教育職員免許法第十条第一項（第一号又は第二号に係る部分に限る。）の規定により免許状が失効した者及び児童生徒性暴力等を行ったことにより同法第十一条第一項又は第三項の規定により免許状取上げの処分を受けた者をいう。

（児童生徒性暴力等の禁止）
第三条　教育職員等は、児童生徒性暴力等をしてはならない。

（基本理念）
第四条　教育職員等による児童生徒性暴力等の防止等に関する施策は、教育職員等による児童生徒性暴力等が全ての児童生徒等の心身の健全な発達に関係する重大な問題であるという基本的認識の下に行われなければならない。
2　教育職員等による児童生徒性暴力等の防止等に関する施策は、児童生徒等が安心して学習その他の活動に取り組むことができるよう、学校の内外を問わず教育職員等による児童生徒性暴力等を根絶することを旨として行われなければならない。
3　教育職員等による児童生徒性暴力等の防止等に関する施策は、被害を受けた児童生徒等を適切かつ迅速に保護することを旨として行われなければならない。
4　教育職員等による児童生徒性暴力等の防止等に関する施策は、教育職員等による児童生徒性暴力等が懲戒免職の事由（解雇の事由として懲戒免職の事由に相当するものを含む。）となり得る行為であるのみならず、児童生徒等及びその保護者からの教育職員等に対する信頼を著しく低下させ、学校教育の信用を傷つけるものであることに鑑み、児童生徒性暴力等をした教育職員等に対する懲戒処分等について、適正かつ厳格な実施の徹底を図るための措置がとられることを旨として行われなければならない。

5 教育職員等による児童生徒性暴力等の防止等に関する施策は、国、地方公共団体、学校、医療関係者その他の関係者の連携の下に行われなければならない。

（国の責務）

第五条 国は、前条の基本理念（以下単に「基本理念」という。）にのっとり、教育職員等による児童生徒性暴力等の防止等に関する施策を総合的に策定し、及び実施する責務を有する。

（地方公共団体の責務）

第六条 地方公共団体は、基本理念にのっとり、教育職員等による児童生徒性暴力等の防止等に関する施策について、国と協力しつつ、その地域の状況に応じた施策を策定し、及び実施する責務を有する。

（任命権者等の責務）

第七条 教育職員等を任命し、又は雇用する者は、基本理念にのっとり、教育職員等を任命し、又は雇用しようとするときは、第十五条第一項のデータベースを活用するものとする。

2　公立学校（地方公共団体が設置する学校をいう。次項において同じ。）の教育職員等の任命権者は、基本理念にのっとり、児童生徒性暴力等をした教育職員等に対する適正かつ厳格な懲戒処分の実施の徹底を図るものとする。

3　公立学校以外の学校の教育職員等を雇用する者は、基本理念にのっとり、児童生徒性暴力等をした教育職員等に対し、懲戒の実施その他の児童生徒性暴力等の再発の防止のために必要な措置を講ずるものとする。

（学校の設置者の責務）

第八条　学校の設置者は、基本理念にのっとり、その設置する学校における教育職員等による児童生徒性暴力等の防止等のために必要な措置を講ずる責務を有する。

（学校の責務）

第九条　学校は、基本理念にのっとり、関係者との連携を図りつつ、学校全体で教育職員等による児童生徒性暴力等の防止及び早期発見に取り組むとともに、当該学校に在籍する児童生徒等が教育職員等による児童生徒性暴力等を受けたと思われるときは、適切かつ迅速にこれに対処する責務を有する。

（教育職員等の責務）

第十条　教育職員等は、基本理念にのっとり、児童生徒性暴力等を行うことがないよう教育職員等としての倫理の保持を図るとともに、その勤務する学校に在籍する児童生徒等が教育職員等による児童生徒性暴力等を受けたと思われるときは、適切かつ迅速にこれに対処する責務を有する。

（法制上の措置等）

第十一条　国は、教育職員等による児童生徒性暴力等の防止等に関する施策を実施するために必要な法制上又は財政上の措置その他の必要な措置を講ずるものとする。

2　地方公共団体は、教育職員等による児童生徒性暴力等の防止等に関する施策を実施するために必要な財政上の措置その他の必要な措置を講ずるよう努めるものとする。

第二章　基本指針

第十二条　文部科学大臣は、教育職員等による児童生徒性暴力等の防止等に関する施策を総合的かつ効果的に推進するための基本的な指針（次項において「基本指針」という。）を定めるものとする。

2　基本指針においては、次に掲げる事項を定めるものとする。

一　教育職員等による児童生徒性暴力等の防止等に関する基本的な方針

二　教育職員等による児童生徒性暴力等の防止等に関する施策の内容に関する事項

三　その他学校において児童生徒等と接する業務に従事する者による児童生徒性暴力等の防止等に関する重要事項

第三章　教育職員等による児童生徒性暴力等の防止に関する措置

（教育職員等に対する啓発等）

第十三条　国及び地方公共団体は、教育職員等に対し、児童生徒等の人権、特性等に関する理解及び児童生徒性暴力等の防止等に関する理解を深めるための研修及び啓発を行うものとする。

2　国及び地方公共団体は、教育職員の養成課程における児童生徒性暴力等の防止等に関する教育の充実その他必要な措置を講ずるものとする。

3　教育職員の養成課程を有する大学は、当該教育職員の養成課程を履修する学生が児童生徒性暴力等の防止等に関する理解を深めるための措置その他必要な措置を講ずるものとする。

（児童生徒等に対する啓発）

第十四条　国、地方公共団体、学校の設置者及びその設置する学校は、児童生徒等の尊厳を保持するため、児童生徒等に対して、何人からも児童生徒性暴力等により自己の身体を侵害されることはあってはならないことについて周知徹底を図るとともに、特に教育職員等による児童生徒性暴力等が児童生徒等の権利を著しく侵害し、児童生徒等に対し生涯にわたって回復し難い心理的外傷その他の心身に対する重大な影響を与えるものであることに鑑み、児童生徒等に対して、教育職員等による児童生徒性暴力等により自己の身体を侵害されることはあってはならないこと及び被害を受けた児童生徒等に対して第二十条第一項（第二十一条において準用する場合を含む。）の保護及び支援が行われること等について周知徹底を図らなければならない。

（データベースの整備等）

第十五条　国は、特定免許状失効者等の氏名及び特定免許状失効者等に係る免許状の失効又は取上げの事由、その免許状の失効又は取上げの原因となった事実等に関する情報に係るデータベースの整備その他の特定免許状失効者等に関する正確な情報を把握するために必要な措置を講ずるものとする。

2　都道府県の教育委員会は、当該都道府県において教育職員の免許状を有する者が特定免許状失効者等となったときは、前項の情報を同項のデータベースに迅速に記録することその他必要な措置を講ずるものとする。

（児童生徒性暴力等対策連絡協議会）

第十六条　地方公共団体は、教育職員等による児童生徒性暴力等の防止等に関係する機関及び団体の連携を図るため、学校、教育委員会、都道府県警察その他の関係者により構成される児童生徒性暴力等対策連絡協議会を置くことができる。

第四章　教育職員等による児童生徒性暴力等の早期発見及び児童生徒性暴力等への対処に関する措置等

（教育職員等による児童生徒性暴力等の早期発見のための措置）

第十七条　学校の設置者及びその設置する学校は、当該学校における教育職員等による児童生徒性暴力等を早期に発見するため、当該学校に在籍する児童生徒等及び教育職員等に対する定期的な調査その他の必要な措置を講ずるものとする。

2　国及び地方公共団体は、教育職員等による児童生徒性暴力等に関する通報及び相談を受け付けるための体制の整備等に必要な措置を講ずるものとする。

（教育職員等による児童生徒性暴力等に対する措置）

第十八条　教育職員等、地方公共団体の職員その他の児童生徒等からの相談に応じる者及び児童生徒等の保護者は、児童生徒等から教育職員等による児童生徒性暴力等に係る相談を受けた場合等において、教育職員等による児童生徒性暴力等の事実があると思われるときは、教育職員等による児童生徒性暴力等を受けたと思われる児童生徒等が在籍する学校又は当該学校の設置者への通報その他の適切な措置をとるものとする。

2　教育職員等、地方公共団体の職員その他の児童生徒等からの相談に応じる者は、前項に規定する場合において犯罪の疑いがあると思われるときは、速やかに、所轄警察署に通報するものとする。

3　教育職員等、地方公共団体の職員その他の児童生徒等からの相談に応じる者（公務員に限る。）は、第一項に規定する場合において犯罪があると思われるときは、刑事訴訟法（昭和二十三年法律第百三十一号）の定めるところにより告発をしなければならない。

4　学校は、第一項の規定による通報を受けたときその他当該学校に在籍する児童生徒等が教育職員等による児童生徒性暴力等を受けたと思われるときは、直ちに、当該学校の設置者にその旨を通報するとともに、当該教育職員等による児童生徒性暴力等の事実の有無の確認を行うための措置を講じ、その結果を当該学校の設置者に報告するものとする。

5　学校は、前項の措置を講ずるに当たり、児童生徒等の人権及び特性に配慮するとともに、その名誉及び尊厳を害しないよう注意しなければならない。

6　学校は、第四項の規定による報告をするまでの間、教育職員等による児童生徒性暴力等を受けたと思われる児童生徒等と当該教育職員等との接触を避ける等当該児童生徒等の保護に必要な措置を講ずるものとする。

7　学校は、第四項の場合において犯罪があると認めるときは、直ちに、所轄警察署に通報し、当該警察署と連携してこれに対処しなければならない。

（専門家の協力を得て行う調査）
第十九条　学校の設置者は、前条第四項の規定による報告を受けたときは、医療、心理、福祉及び法律に関する専門的な知識を有する者の協力を得つつ、当該報告に係る事案について自ら必要な調査を行うものとする。
2　学校の設置者は、前項の調査を行うに当たり、児童生徒等の人権及び特性に配慮するとともに、その名誉及び尊厳を害しないよう注意しなければならない。
3　都道府県は、第一項の調査が適切に行われるよう、学校の設置者に対し、同項の専門的な知識を有する者に関する情報の提供その他の必要な助言をすることができる。

（学校に在籍する児童生徒等の保護及び支援等）
第二十条　学校の設置者及びその設置する学校は、医療、心理、福祉及び法律に関する専門的な知識を有する者の協力を得つつ、教育職員等による児童生徒性暴力等を受けた当該学校に在籍する児童生徒等の保護及び支援並びにその保護者に対する支援を継続的に行うものとする。
2　学校の設置者及びその設置する学校は、前項に規定する児童生徒等と同じ学校に在籍する児童生徒等に対する心理に関する支援その他当該児童生徒等及びその保護者に対する必要な支援を行うものとする。

（教育職員等以外の学校において児童生徒等と接する業務に従事する者による児童生徒性暴力等への準用）

第二十一条　第十七条から前条までの規定は、教育職員等以外の学校において児童生徒等と接する業務（当該学校の管理下におけるものに限る。）に従事する者による児童生徒性暴力等（当該学校の児童生徒等に対するものに限る。）について準用する。

第五章　特定免許状失効者等に対する教育職員免許法の特例等

（特定免許状失効者等に対する教育職員免許法の特例）

第二十二条　特定免許状失効者等（教育職員免許法第五条第一項各号のいずれかに該当する者を除く。）については、その免許状の失効又は取上げの原因となった児童生徒性暴力等の内容等を踏まえ、当該特定免許状失効者等の改善更生の状況その他その後の事情により再び免許状を授与するのが適当であると認められる場合に限り、再び免許状を授与することができる。

2　都道府県の教育委員会は、前項の規定により再び免許状を授与するに当たっては、あらかじめ、都道府県教育職員免許状再授与審査会の意見を聴かなければならない。

3　都道府県の教育委員会は、教育職員免許法第十条第二項（同法第十一条第五項において準用する場合を含む。）の規定により特定免許状失効者等から失効した免許状の返納を受けることとなった都道府県の教育委員会その他の関係機関に対し、当該特定免許状失効者等に係る免許状の失効又は取上げの原因となった児童生徒性暴力等の内容等を調査するために必要な情報の提供を求めることができる。

（都道府県教育職員免許状再授与審査会）

第二十三条　前条第二項に規定する意見を述べる事務をつかさどらせるため、都道府県の教育委員会に、都道府県教育職員免許状再授与審査会を置く。

2　都道府県教育職員免許状再授与審査会の組織及び運営に関し必要な事項は、文部科学省令で定める。

第六章　雑則

（政令への委任）

第二十四条　この法律に定めるもののほか、この法律の実施のための手続その他この法律の施行に関し必要な事項は、政令で定める。

附　則　抄

（施行期日）

第一条　この法律は、公布の日から起算して一年を超えない範囲内において政令で定める日から施行する。ただし、第七条第一項及び第十五条並びに附則第五条の規定は、公布の日から起算して二年を超えない範囲内において政令で定める日から施行する。

（経過措置）

第二条　第二十二条の規定は、この法律の施行の日（以下この項において「施行日」という。）以後に児童生徒性暴力等を行ったことにより、特定免許状失効者等となった者に係る免許状の再授与について適用し、施行日前に児童生徒性暴力等を行ったことにより、特定免許状失効者等となった者に係る免許状の再授与については、なお従前の例による。

2　前項に定めるもののほか、この法律の施行に関し必要な経過措置は、政令で定める。

（検討）

第七条　政府は、この法律の施行後速やかに、教育職員等以外の学校において児童生徒等と接する業務に従事する者による児童生徒性暴力等の防止に関する措置の在り方等について検討を加え、その結果に基づいて必要な措置を講ずるものとする。

2　政府は、この法律の施行後速やかに、児童生徒等の性的な被害を防止する観点から、児童生徒等と接する業務に従事する者の資格及び児童生徒等に性的な被害を与えた者に係る照会制度の在り方等について検討を加え、必要があると認めるときは、その結果に基づいて所要の措置を講ずるものとする。

3　政府は、前二項に定めるもののほか、この法律の施行後三年を目途として、この法律の施行の状況について検討を加え、必要があると認めるときは、その結果に基づいて所要の措置を講ずるものとする。

ラクレとは…la clef=フランス語で「鍵」の意味です。
情報が氾濫するいま、時代を読み解き指針を示す
「知識の鍵」を提供します。

中公新書ラクレ
767

わいせつ教員《きょういん》の闇《やみ》

教育現場《きょういくげんば》で何《なに》が起《お》きているのか

2022年6月10日発行

著者……読売新聞取材班《よみうりしんぶんしゅざいはん》

発行者……松田陽三
発行所……中央公論新社
〒100-8152 東京都千代田区大手町1-7-1
電話……販売 03-5299-1730　編集 03-5299-1870
URL https://www.chuko.co.jp/

本文印刷……三晃印刷
カバー印刷……大熊整美堂
製本……小泉製本

Published by CHUOKORON-SHINSHA, INC.
Printed in Japan　ISBN978-4-12-150767-9　C1236

中公新書ラクレ　好評既刊

L731
どの子も違う
――才能を伸ばす子育て　潰す子育て

中邑賢龍 著

個性が強い子どもたち。突出した才能に恵まれても、そのうちのいくらかは問題児扱いされて居場所を失い、結果として不登校などになりがちだ。そんな彼らに学びの場を提供する東大先端研「異才発掘プロジェクトROCKET」でディレクターを務めるのが著者だ。教科書も時間割もないクラスで学ぶものとは？「成績が良ければ優秀」な時代は過ぎた？最先端の研究の場で得られた知見を一冊に集約し、子どもの才能を伸ばす子育て法を伝授！

L745
パンツを脱いじゃう子どもたち
――発達と放課後の性

坂爪真吾 著

いきなり脱いで自慰をはじめた、突然ズボンを下ろして性器を見せる、コンビニのトイレで射精している……。障害のある子どもや発達に特性のある子どもが通う「放課後等デイサービス」。その現場で問題になっているのが、子どもたちの性に関するトラブルだ。長年障害者の性問題に取り組んできた著者が、放課後等デイサービスの現場の声を集め、障害のある子どもたち、そして私たちが自分自身や他人の性とうまく向き合っていくための方策を探る。

L749
「命」の相談室
――僕が10年間少年院に通って考えたこと

ゴルゴ松本 著

「命」などの漢字ギャグでお茶の間の人気者となったお笑いコンビ・TIMのゴルゴ松本。彼は二〇一一年から現在までの十年間、全国各地の少年院を中心に漢字の知識を通して人生について語るボランティア活動「命の授業」を行ってきた。長きにわたり若者の人生に寄り添い続けてきた著者が、生き方に惑う人たちの悩みに答え、生きづらい時代を楽しく生きるヒントを与える、令和版「命の授業」。巻末に俳優・武田鉄矢氏との特別対談を収録。